科学原来如此

来，在地球上旅游

于启斋　编著

上海科学普及出版社

图书在版编目（CIP）数据

来，在地球上旅游 / 于启斋编著. — 上海：上海科学普及出版社，2016.8

（科学原来如此）

ISBN 978-7-5427-6741-7

Ⅰ.①来… Ⅱ.①于… Ⅲ.①地理—少儿读物 Ⅳ.① K9-49

中国版本图书馆 CIP 数据核字 (2016) 第 138333 号

责任编辑　刘湘雯

科学原来如此
来，在地球上旅游
于启斋　编著

上海科学普及出版社出版发行

（上海中山北路 832 号 邮编 200070）

http://www.pspsh.com

各地新华书店经销　三河市同力彩印有限公司

开本 787 × 1092　1/16　印张 10　字数 200 000

2016 年 8 月第 1 版　2016 年 8 月第 1 次印刷

ISBN 978-7-5427-6741-7　　定价：29.80 元

目录 contents

大海到底有多大？ / 1
大海为什么有涨有落？ / 5
海边上的沙子是从哪里来的？ / 8
海水为什么是咸的？ / 10
"死海不死"是怎么回事？ / 12
海水为什么是蓝色的？ / 15
冰山是怎么形成的？ / 17

海洋里为什么会起波浪？ / 20
人们为什么非常重视海洋开发？ / 22
为什么会发生赤潮？ / 26
为什么会发生海啸？ / 29
什么是海洋牧场？ / 32
为什么河流会弯弯曲曲的？ / 36
黄河的水怎么那么浑？ / 38
咸水湖是怎样形成的？ / 42

瀑布是怎么形成的？ / 45
是谁把温泉的水"烧"热的？ / 49
沼泽地是怎么形成的？ / 52
天上为什么会下雨？ / 55
梅雨是怎么回事？ / 57
什么是人工增雨？ / 60
为什么会发洪水？ / 64

为什么会发生泥石流？ / 67
天上怎么会下冰雹？ / 70
雷电是从哪里来的？ / 73
雷雨云怎么是黑色的？ / 75
什么是人工消雷？ / 77
什么是人工降雪？ / 81
雪为什么是白色的？ / 85

为什么会发生雪崩？/ 87
霜花是怎么形成的？/ 89
为什么天空是蓝色的？/ 91
美丽的彩虹是怎么形成的？/ 93
风来自哪里？/ 96
台风是怎么形成的？/ 98
为什么会发生龙卷风？/ 101
我国冬季的西北风为什么寒冷？/ 105

一年四季是怎么形成的？/ 108
南极和北极哪儿冷？/ 111
为什么会发生地震？/ 114
地震可以预报吗？/ 117
沙漠是怎么形成的？/ 121
为什么会发生沙尘暴？/ 123
沙漠中为什么会有绿洲？/ 127

沙漠里的沙子热得能够烤熟鸡蛋吗？/ 129

火山怎么会喷发？/ 133

真有火焰山吗？/ 136

煤是怎么形成的？/ 140

地层中为什么会有天然气？/ 142

岩洞里的景物是神仙塑造的？/ 145

动物为什么能探矿？/ 148

什么是北京时间？/ 152

大海到底有多大？

提到大海，我们往往会联想到"辽阔""宽广""浩瀚"等词，因为大海确实很大。那么，大海到底有多大？

生活在陆地上的我们，看到无边无际的土地时，一定觉得地球上的陆地面积实在是太大了。实际上，地球上海域的面积要比陆地大许多，更确切地说，地球上的海域面积是陆地面积的3倍。地球表面大约有70%的部分被海水所覆盖，海水的体积超过了12亿立方千米。因此，我们与其称这颗我们生活的星球为"地球"，倒不如称其为"水球"更合适。

不过，丰富的海水并不是聚集在一起的，而是被陆地分成了4个大洋，这就是太平洋、大西洋、印度洋和北冰洋。其中，太平洋的面积最大，几乎占据了地球表面一半的面积。四大洋虽然各自一方，但因为海水是连通的，所以它们之间也是连通的。如果我们驾驶着一艘船进行海上环球航行的话，可以环绕地球一周而不用在陆地上穿行。

全球的大海，面积大小、水体深度等各不相同。其中，面积最大、水体最深的海要数位于南太平洋的珊瑚海；平均深度最深的海是南极洲附近的斯科舍海，它的平均深度为3 400米；最深的海沟是马里亚纳

海沟，它是属于西太平洋的深海沟，大部分海区深达8 000多米，最深处斐查兹海渊超过了11 034米；最小的海是马尔马拉海，东西长270千米，南北宽约70千米，平均深度183米，最深处为1 355米，面积11 000平方千米，只相当于我国的4.5个太湖那么大。

马尔马拉海位于亚洲小亚细亚半岛和欧洲的巴尔干半岛之间，是欧亚大陆之间断层下陷而形成的内海，海岸陡峭，原先的一些山峰露出水面变成了岛屿。岛上盛产大理石，希腊语"马尔马拉"就是大理石的意思。

我国幅员辽阔,海域也十分广阔,下面就为大家介绍一二:

黄海,是位于太平洋西部的边缘海,北起鸭绿江口,南以长江口北岸到韩国济州岛一线与东海为界,西北部通过渤海海峡与渤海连接。黄海面积约38万平方千米,平均水深44米,最深处达140米,淮河、鸭绿江、汉江等入黄海,海底富藏石油。

东海,是位于太平洋西部的边缘海,北起长江口北岸到韩国济州岛一线,与黄海为界;东以日本的九州岛、琉球群岛和中国台湾岛一线内侧与太平洋分隔;东北以朝鲜海峡、西南以台湾海峡分别沟通日本海和南海。东海面积约77万平方千米,平均水深约370米,最深处达2719米,长江、钱塘江、闽江等入东海,沿岸岛屿众多,海底富藏石油。

南海,是位于太平洋西部的边缘海,在中国和中南半岛、马来群岛之间,经一系列海峡连接太平洋和印度洋,是太平洋与印度洋之间的交通要道。南海面积约350万平方千米或更多,平均水深1212米,最深达5559米,珠江、红河、湄公河和湄南河等入南海,水下珊瑚岛、礁林立,海底富藏石油。

渤海是中国的内海,绝大部分为陆地环抱,东以渤海海峡与黄海相通。渤海面积约为7.7万平方千米,平均水深约18米,最深处达70米,入海主要河流有黄河、海河和辽河,有辽东湾、渤海湾和莱州湾三大海湾,海底富藏石油。

拍拍脑袋想一想

海与洋不一样吗？

对于"海洋"一词，大家一定都不陌生，海洋美丽而又壮观。海洋，海洋，人们总是这样说，其实人们把"海"与"洋"混为一谈了，可事实是怎样的呢？

我们的地球表面大约有71%面积被海洋占据着。我们平日里会把海与洋合在一起叫做海洋。其实，海与洋是有区别的。

洋，远离大陆，是海洋的中心部分。大洋的水域面积很大，约占海洋面积的89%；水也很深，一般在3000米以上，深的地方可以达到1万多米。洋底地形以海盆、岭脊为主，盐度比较高，也比较稳定；大洋里的水是蓝色的，透明度高，不受陆地的干扰；有独立的海流系统、潮汐系统和大气环流系统。世界上共有太平洋、印度洋、大西洋、北冰洋四个大洋。其中，太平洋最大，大西洋次之，印度洋和北冰洋差不多。

海，是洋与陆地间的一部分水域。海的水域面积也比较小，约占海洋的11%，深度也浅，平均深度从几米到两三千米不等。海底地形以陆架、陆坡为主；温度受大陆影响大，有明显的季节变化，基本呈"夏暖冬凉"，一些海域在冬季甚至会结冰；盐度普遍比较低，且靠近河水入海口处盐度更低，多雨季节海水也会变淡；由于海的运动受到了陆地的干扰，因此它没有独立的系统。当然，当海靠着陆地，洋远离陆地时，海与洋还是可以通过海水连通的。

在美洲西海岸的广阔水域中，洋和海之间并没有岛屿和群岛分布，这种情况可以根据海底地形来划分，陆架和陆坡所占据的水域称为"海"，海以外的水域称为"洋"。

由此可见，海与洋是有区别的。当然了，海与洋是相互连通的，彼此形成了一个不可分割的整体，海洋这个词代表着这个整体。

悄悄告诉你

大海为什么有涨有落？

不知你有没有见过大海？大海一会儿涨潮，一会儿落潮，波涛汹涌，十分壮观。

大海为什么会有涨潮和落潮呢？

涨潮就是海水高出平时水位；落潮就是海水下落，又回到海水平时水位。大海的涨潮和落潮都是自然现象。人们通过长期的实践、观察，发现海水有规律的涨落，涨落的时间和水位的升降又有着周期性的变化，由此人们把这种海水涨落的现象叫潮汐。而随着海水的涨落，海水出现了水平流动，这种海水流动的现象叫潮流。

潮汐形成的原因是月球对海水的吸引力，这个吸引力一般称为引潮力。引潮力是月球对地面的引力，加上地球、月球转动时的惯性离心力所形成的合力。地球每天都在自转，地球上的任何一个地方每天都有一次与月球"面对面"的时候，这时月球对海水的引潮力最大；而背对月球的另一面地球，月球此时对其海水的引潮力最小。所以，地球上绝大部分的海水每天总有两次涨潮和两次落潮，这种潮称为"半日潮"。而有一些地方，由于一些局部地区性的原因，在一天之内只出现一次涨潮和一次落潮，这种潮称为"全日潮"。

除了月球外,太阳对潮汐也有影响,可太阳距离地球太远,它对潮汐的影响力远远不如月球。但是,当太阳的引潮力和月球的引潮力叠加起来形成合力的时候,就会出现大潮。

月球绕地球公转一周的时间是一个月,确切地说是29.5天多一点。当月球、太阳、地球三者在同一直线上时,那时月球和太阳的引潮力叠加在一起,力量就特别大,可引起大潮——而这个时间恰好是中国农历每月的初一和十五。当月球、地球、太阳三者成直角三角形时,太阳的引潮力抵消了一部分月球的引潮力,所以出现小潮——而这个时间恰好是农历每月的初七、初八、廿二、廿三。

如果你有机会观察大潮,一定可以感受到海水的汹涌澎湃,感受到它的如虹气势,感受到它足以吞噬一切的力量。

潮汐与我们人类有什么关系?

海水的涨落是一种自然现象,似乎与我们人类没有什么瓜葛。可实际上,潮汐和我们的生活与生产却有着十分密切的关系。

我国沿海地区的人民很早就掌握了潮汐的规律,他们把潮汐当做"天然的钟表",根据潮汐的变化来估算时间;又利用涨潮的机会,下网捕鱼或引海水晒盐。聪明的航海者会根据潮汐变化进出港,涨潮时进港,退潮时出港,既迅捷又省力。利用涨潮时河流水位的提高,人们还能引河水灌田,这样既省事又省钱,十分划算。海水的涨落形成了很大的能量,这就是潮汐能。潮汐能是一种蕴藏量大、洁净无污染的可再生能源。人们通常在潮汐能丰富的海湾或河口修建潮汐发电站,利用潮汐能来发电。

现在,人们已经掌握了海水涨落的规律,任何地方、任何时候的潮水情况,都能精确地预报出来。

海边上的沙子是从哪里来的?

你在海边用沙子堆过城堡吗？如果遇到涨潮，堆好的城堡或许一下就会被海水冲掉，让你觉得十分惋惜。面对海边沙滩上的沙子，你或许会问，这海边的沙子是从哪儿来的呢？

海边上的沙子来源有多个，但都是大自然的杰作。

当源源不断的河水流进大海时，会夹杂着大量的沙子。而河水里的沙子是从哪里来的呢？原来，当天空下起大雨时，雨水就会从高山上流

下来，并将一些碎石、泥沙一起带进河里。在河水奔流入大海的漫长旅途中，河水又将石块、细沙等一同带入大海。后来，海水的流动和海浪的拍击，又把那些细沙堆到了岸边，形成沙滩。

还有，大海中的巨浪不时地冲击着岸边岩石，会将大块的岩石击落。在海浪的冲击下，岩石和巨砾在海岸上来回翻滚，变成了卵石，又经过几百年甚至数千年万年的翻滚、摩擦，终于让这些卵石在长年累月的分化剥蚀中，变成细小的沙子，并堆积在沙滩上。

就这样，经过长年累月的堆积，海边终于堆积起了大量的沙子。

仔细瞧一瞧，海边的石头为什么没有棱角？

只要留心观察，你就会发现：海边的石头大都没有棱角，而且大多十分光滑圆润。你或许会问，是谁将海边的石头打磨得如此光滑？

告诉你吧，这其实都是海水流动、冲刷的结果。海水在流动过程中，对石头产生了摩擦、冲刷作用，日复一日，年复一年，石头再坚硬，也被冲刷得光滑圆润了。

悄悄告诉你

海水为什么是咸的?

大家都知道,海水是咸的。这是为什么呢?

原来,这是因为海水中含有3.5%左右的盐分,其中大部分是氯化钠,还有少量的氯化镁等其他盐类。氯化钠具有咸味,而氯化镁则带有苦味,所以海水又咸又苦。大海就是一个巨大的食盐宝库。那么,海水里的大量盐分又是来自哪里呢?

海水中的盐分主要来自陆地。下雨的时候,雨水落到地面上或岩石上,地上或岩石中的各种盐类溶解至雨水中,雨水汇集到小溪,流入江河,最后投入大海的怀抱。同时,雨水还可能渗入地下,继续溶解地下的各种无机盐,有时又突然从地面冒出来,随着江河流入大海。这样,大海中就拥有了大量的盐类。

起初，海水中盐分的浓度比较低，但后来随着海水的蒸发，海水中盐的浓度就越来越高。至今，海洋形成已经有四十多亿年了，海水会这么咸也就不足为奇了。有观测结果表明，现在每年经江河带进海水中的盐分达39亿吨。如果把海水中的盐全部提取出来，平铺在陆地上，陆地的高度可以增加153米；假如把全世界海洋的水都蒸发干了，海底就会积上60米厚的盐层。

海水为什么不易结冰？

如果我们在冬天来到海边，就会发现这样一个问题：在河水早已结成厚厚冰层的时候，海水却依然是波涛滚滚，完全见不到一点儿冰渣。那么，海水为什么不容易结冰呢？

为了更好地理解这个问题，我们不妨动手做个实验。在严冬，把一碗清水和一碗浓盐水同时放到室外，过一段时间后，我们就会看到：清水结冰了，浓盐水却没有结冰。原来，盐水的冰点（结冰的温度）低，在0℃的时候不会结冰，而此时淡水已经开始结冰。另外，浓度越高的盐水，冰点越低。

海水中含有大量的食盐，因而冰点很低，往往不容易结冰。一些海水在-20℃以下还不会结冰呢，只有在气温很低的情况下，离海岸近的海水才会结冰。实际上，海水结冰需要三个条件：气温比水温低；水中的热量大量散失；海水开始结冰时的温度（冰点），有个别地方的海水在这个温度下也不能结冰，这是因为水中还需有悬浮微粒、雪花等杂质凝结核。

"死海不死"是怎么回事？

在巴勒斯坦和约旦的交界处有一个死海。远远望去，海浪翻滚，可海水中竟没有鱼虾、水草，甚至连海边也寸草不生。这大概就是"死海"得名的原因吧。可令人惊叹的是，即使不会游泳的人，在"死海"里也总是浮在水面上，不用担心会被淹死，真是"死海不死"。

或许你会感到奇怪，人掉入死海怎么不会沉下去呢？

这里，先让我们来了解一下死海。死海的源头主要是约旦河，河水中溶解了很多的盐类。河水流入死海，不断蒸发，盐类沉淀下来，越积越多，最终形成了当今世上最咸的内陆咸水湖——死海。换句话来说，死海就像一口沉在山坳里的没有任何漏洞的巨锅一样，而那里炽热的太阳又不断暴晒着这口巨锅，使得其中的水分被剧烈蒸发。天长日久，海水里的盐分就会越积越多，含盐量越来越浓，也远远超出了其他海水的含盐量。

死海是所有天然湖泊中海水最咸的,比一般的海水咸10倍。它是一个大盐库,其中氯化盐类储量达420亿吨以上,各种盐类加在一起,其重量占死海全部海水重量的23%～25%。如此一来,海水的密度就大于人体的密度,难怪人一到死海里就会自然漂起来——这就是"死海不死"的秘密。

善于思考的人或许会想:随着海水不断蒸发,若干年后,死海会不会"死"掉,干枯掉呢?

这个问题问得好，由于死海的蒸发量大于约旦河输入的水量，死海的水平面已经日趋下降。据专家统计，最近10年来，死海的水平面每年下降40～50厘米。长此下去，在不久的将来，在死海南部较浅的地方，海水将会消失；而在其较深的北部，数百年后也可能干涸。那时，死海真的要"死"了。

怎样从海水里得到食盐？

食盐是人们日常生活中不可缺少的调味品。海水中含盐量丰富，但是盐分都溶解在海水中的，我们看不见它。那么，人们是怎么从海水中获得食盐的呢？

涨潮时，人们将海水围到盐田里，靠风吹日晒，让海水慢慢蒸发。当海水蒸发到一定程度后，海水就成了食盐的饱和溶液。当食盐达到饱和后，海水再继续蒸发时，食盐开始结晶，一粒粒的食盐晶体从盐溶液中析出。就这样，人们便从海水中提取到食盐了。

我们平时在做饭的时候，常常会看到锅壁上有一些白色晶体，那极可能就是被析出的食盐。

悄悄告诉你

海水为什么是蓝色的？

我们站在轮船上看大海时，发现海水总是碧蓝的；如果舀一勺海水来看一看，我们又会发现海水其实像自来水一样——是无色透明的。这到底是怎么回事呢？

原来，这是太阳光变的戏法。

太阳光是由红、橙、黄、绿、青、蓝、紫七色光组成的，太阳光照射到大海上时，波长较长的红光和橙光由于透射力最大，穿透海水，并

在前进时不断被海水和海洋中的生物所吸收；而蓝光、紫光由于波长较短，大部分一遇到海水阻碍就向四面八方散射开来，有些还会被反射回去，只有少部分被海水和海洋表面生物所吸收。我们看大海的时候，被散射和被反射的蓝光和紫光进入了我们眼中，人们的眼睛对蓝光比较敏感，却对紫光几乎视而不见，所以人们才觉得海水是蓝色的。海水越深，被散射和被反射的蓝光就越多，看上去也就越蓝了。

海平面是平的吗？

我们看到杯中的水总是平的，所以便会联想到海平面也应该是平的。那么，海平面到底是不是平的呢？

要回答这个问题，我们可以从乘船说起。乘船时你一定会发现，当海平面驶来一艘帆船时，你首先看到的一定是船只的桅杆，然后才是船身，这就证明了海平面不是平的。或者，当你站在海岸上目送船只向外海出发时，你会发现，不久后眼前就只剩下一片汪洋，完全看不到船只的影子了，这也能说明海平面不是平的。

那么，海平面怎么就不是平的呢？

原来，大海本来就不是平静的，涨潮、落潮、大风或风暴等都会造成海面动荡，所以海水要平是不可能的。

还有一点也不能忽视，那就是海底的地形十分复杂。海底也有海底山脉、丘陵地带、海底平原以及陡峭的海底深沟，这复杂的海底世界直接影响着海水的分布，导致一个海区的水平面会低于或高于另一个海区的水平面几米到几十米。这样一来，海水便始终处于不停的流动激荡之中，在巨大海水力量的推动下，海平面想保持平稳是不可能的。

冰山是怎么形成的？

地球上终年被冰雪所覆盖的面积达1630万平方千米，其中90%以上分布在两极地区。在这些终年覆盖着冰雪的地方，数万年不化的积雪并不稀奇，数千米厚的冰盖也不难见。层层叠叠的冰雪最终形成了冰川，即便到了夏天也不会融化。那么，冰川又怎么会变成冰山呢？

由于自身的巨大压力，冰川不断由高处向四周的大陆边缘移动，不过速度十分缓慢，一年只移动几米到几十米。当冰川移到海洋处时，在海水浮力和波浪的冲击下，冰川会折断，成为一块漂浮在海上的巨冰，这就是冰山——漂浮在海中的巨大冰块。

世界上的冰山主要分布在北冰洋和南大西洋。北冰洋冰山的生成速率为每年2800亿立方米，北冰洋的冰山高达数十米，长达一二百米，形状多样。南极冰山的生成速率为每年18000亿立方米，一般呈平板状，而且数量多、体积大——常常出现长度超过8000米或高达数百米的冰山。

冰山之冰的平均年龄都在5000年以上，可以说那都是没有受过任何污染的冰。所以说，冰山是一种宝贵的淡水资源，只可惜目前人们尚未掌握合理利用它的办法。冰山在高纬度地区能维持10年之久，但如果漂向大海深处，则一二年内就会没了踪迹。

冰山在海里四处游荡，露出海面的冰山只占整座冰山的5%～7%。有一句成语叫做"冰山一角"，就是用来形容严重的问题只显露出表面的一小部分，而这也是对冰山的一个很好的诠释。

漂浮的冰山对航行有着潜在的危险，船在航行过程中很可能会与冰山发生撞击。过去人们只能凭眼睛观察它们，现在则可以用雷达进行监测，航行也就安全了许多。

冰为什么会漂在水面上？

开春以后，小河中、湖里面的冰雪开始融化，接着，大大小小的冰块都会漂在水面上。这是怎么回事呢？

原来，这是因为冰的密度比水的密度小，在0℃时，大多数冰的密度为0.9克/厘米3，而水的密度则为1克/厘米3。这就是说，水在结成冰的时候不是收缩了，而是膨胀了。任何物体放在水中都会受到水给它的向上的浮力，而且物体所受的浮力和它排开水的体积有关系。1升水的重量是1 000克，相同体积的冰的质量是900克，所以水在变成冰块后，所受的浮力大于它本身的重力，所以冰块可以漂浮在水面上。

为了说明体积与浮力的关系，我们还可以举一个例子。比如，我们将一块较重的木块和一颗很轻的钉子同时放入水中，沉入水中的往往是很轻的钉子，而不是较重的木块。所以说，物体能不能浮在水面上，不能只看它的重量大小，还要与同体积的水的重量比较——如果比较的结果是前者大于后者，那便下沉；反之，物体则浮在水面上。

悄悄告诉你

海洋里为什么会起波浪？

人们常说"风平浪静""风急浪高"，可见海洋中的浪和风有着一定的关系——风可以使海洋起浪。那么，风是如何让海洋产生波浪的呢？

原来，当风吹过洋面时，就会和海水发生摩擦，激起波浪。风越大，浪头就越高；反之，浪头则低。

又有俗话说"无风三尺浪"，那么无风又怎么会起浪呢？

事实上，风浪过后，余波未息，海面上还会有一些很小的浪。至于"无风三尺浪"，这种大浪大多出现在大洋上。这种大浪一般是从别的海区传过来的，人们称之为"涌浪"，也叫长浪。之所以叫做长浪，是因为这种浪起落的时间都很长，前后两个浪头之间的距离也长。

长浪传播的速度很快，几乎是"日行千里"，其速度比风暴中心的移动速度还要快。如果在无风的海区见到这样的长浪，就意味着风暴不久就要到来了。经验丰富的渔民只要一见到这种长浪，就会赶紧收网，马上开船离开这个是非之地。

另外，如果海底发生火山喷发或地震，也可以引起涌浪，而且传播速度也极为迅速。这对人类会造成巨大危害，其危害程度不可低估。

来，在地球上旅游

巨大的海浪会对船舶造成很大的影响，所以提前预报非常重要。人们利用浮标、飞机及人造地球卫星等进行观测，及时向在海上的船只发出预报，让船只调整航线，将损失降至最低。

岸边上的海浪为什么会飞溅起来？

在海岸上观赏海浪时，会发现海浪一浪高过一浪，很有规律地前进着。但是，海浪到达岸边时却会突然飞溅起来，这是怎么回事呢？

原来，当波浪涌上岸边时，由于海水深度愈来愈浅，下层水的上下运动受到了阻碍，受物体惯性作用，海水的波浪一浪叠一浪，一浪胜过一浪。与此同时，随着海水深度的变浅，下层水的运动所受阻力越来越大，以至于到最后它的运动速度慢于上层的运动速度。受惯性作用，当海浪达到一定高度时，它就会失去原来的平衡，不由自主地向前倾倒，最终折倒，从而飞溅起浪花来。

悄悄告诉你

人们为什么非常重视海洋开发？

现在，世界各国都在积极努力地开发海洋资源，可你知道人们为什么要大力开发海洋资源吗？

海洋与我们的生活休戚相关。大家都知道，人与动物的呼吸需要氧气，而氧气来自绿色植物的光合作用。绿色植物吸收空气中的二氧化碳，光合作用后生成有机物和氧气——有机物用于其自身的生长繁殖，而氧气则被排到空气中，供大部分动物呼吸用。但是，你可知道，大气层中的氧气主要来自海洋里的浮游植物，约占空气中全部氧气的80%～90%。陆地上的绿色植物和海洋里的大型藻类植物，只供应空气中氧气的10%～20%。

另外，海洋中的水分蒸发和空气中的大气密切配合，形成了一条由水蒸气到云，再到降雨的链条，为大自然中的水循环提供了水蒸气的来源。当海洋中和陆地上的水分大量蒸发后，空气中就会出现大量水蒸气，这些水蒸气遇冷后就会凝结成雨水降落下来。

其实，海洋的开发和利用对人类有着重要的意义。

海水中有几十种十分有用的盐类，如氯化钠、氯化镁、溴化纳等，它们都是重要的工业原料。

许多近海海底蕴藏有丰富的煤、铁、石油等。我国大陆架浅海区广泛分布有铜、煤、硫、磷、石灰石等矿藏。

海滨中的砂矿含有许多贵重矿物。如与航天技术有关的金红石、独居石；与核燃料有关的锆铁矿、锆英石；某些海区还有黄金、白金和银等。除此之外，海洋中还含有多金属结核、富钴锰结核等物质。多金属结核含有锰、铁、镍、钴、铜等几十种元素。

海底拥有丰富的热液矿藏。热液矿藏由海底裂谷喷出的高温岩浆冷却沉积形成，其中含有大量金属的硫化物。目前，全世界已发现热液矿床 30 多处。

海底还埋藏有大量的可燃冰。可燃冰是一种被称为天然气水合物的新型矿物。它是在低温、高压等条件下，由碳氢化合物与水分子组成的冰态固体物质。可燃冰密度高，所含的杂质少，燃烧后几乎无污染。可燃冰在世界上的储存量约为石油天然气储存量的 2 倍，是不可忽视的未来绿色能源。

海底还有丰富的石油和天然气资源，是人们未来开发的主要能量来源之一。

可见，海洋中含有丰富的资源，大力开发利用这些资源，对改善和提高人类的生活质量极有帮助。

为什么海平面在不断上升？

或许大家对海平面的高度并不关心，但你可知道海平面有上升的趋势？换句话说，就是海平面正在不断"长"高呀！

根据相关资料，在过去的100年里，全球海平面平均上升了约12厘米。我国大陆沿岸海平面在过去的100年中平均上升了约14厘米，超过了全球海平面的平均上升幅度。

这是怎么回事呢？

首先，全球气候变暖是造成海平面上升的主要原因。

太阳会毫不吝啬地将阳光洒向大地，让万物茁壮成长。地球还会将多余的能量反射回去，这样，大气与地面以及空间之间就会进行热的交换，从而使太阳撒到大地的热量处于一个平衡状态。然而，随着工业生产的迅猛发展，煤、石油等矿物燃料的大量燃烧，产生的二氧化碳被释放到大气中，使大气中二氧化碳的含量急剧增高。处于底层大气中的二氧化碳，会组织地面热量向宇宙空间扩散，导致全球气温普遍升高。这种现象被称为"温室效应"。

其次，气温升高会导致海水受热膨胀，海水膨胀的结果必定是海平面上升。

再次，全球温度的升高，也会引起南北两极的冰山的融化，冰山融化的结果必定引起海平面上升。

另外，地壳的运动也会引起局部地区的海平面上升。

还有，许多沿海地区地面的沉降，也会导致海平面上升。

海平面的上升将会给人类带来很多的灾难。目前，海平面上升已给沿海地区的居民带来了危害，如引起海水倒灌，农田盐碱化；还会增加排污的难度，破坏当地的生态平衡。

为什么会发生赤潮？

我们有时会听到"赤潮"一词，可为什么会发生赤潮呢？

赤潮是一种自然现象，它是在特定的环境条件下，海水中某些浮游植物、原生动物或细菌爆发性增殖或高度聚集而引起水体变色的一种有害生态现象。并不是所有的赤潮都像它的名字那样，是红的，实际上，由于赤潮发生的原因、种类和数量的不同，水体会出现各种各样的颜色，如红色、黄色、绿色、棕色等。并且，有些生物在引发赤潮时，并不会改变海水的颜色，其实这个时候，赤潮已经发生了。

随着沿海地区工农业的迅速发展和城市化进程的不断加快，大量工农业废水和生活污水被排入海洋，这些废水中含有大量的有机物，会造成近岸海域的水体富营养化。尤其是水体交换能力差的河口海湾地区，污染物不容易被及时稀释扩散，水体的富营养化更加严重。这些水域往往容易发生"赤潮"现象。

一般而言，在海潮流动缓慢、水体交换弱、风力较小、湿度大、气压低而闷热、阳光充足时，这样的水体浮游生物如鱼得水，繁殖很快，数量剧增。它们的迅猛繁殖会消耗大量的氧气，造成局部海区严重缺氧，容易发生赤潮现象。由于赤潮生物（主要是一些藻类）大量繁殖，覆盖整个海面，而且死亡了的赤潮生物极易被微生物分解，从而消耗了水中

溶解氧，使海水缺氧甚至无氧，导致鱼类等海洋生物无法获取氧气而大量死亡，这会给海洋生物带来灭顶之灾。

不过，不同海域发生赤潮时对温度和盐度的要求也不相同，一般来说，海域的表层水温突然增高和盐度降低，往往会促进赤潮的发生。在水体交换弱的封闭海湾，也容易发生赤潮。不过，赤潮一般发生在雨过天晴之后。

那么，诱发赤潮发生的原因有哪些呢？

首先，大量工农业废水和生活污水向海洋中排放，以及沿海开发项目的增加和海水养殖业的扩大，都会影响海洋的生态与污染；其次，海运业的发展可能携带外来有害赤潮生物种类；再次，全球气候的变化等也导致了赤潮的频繁发生。

赤潮对人类健康有哪些的危害？

每当赤潮发生时，都会对生物产生很大的影响。

首先，赤潮破坏了海洋的正常生态环境，破坏了海洋的正常生产过程，威胁海洋生物的生存，给海洋生态系统造成了很大的破坏。

其次，有些赤潮生物会分泌出黏液，黏附在鱼、虾、贝等海洋生物的鳃上，影响它们的呼吸，导致鱼虾大量窒息死亡。这些因为赤潮而死亡的生物如果不小心被我们人类食用了，也会引起中毒，后果不堪设想。

再次，大量的赤潮生物死亡后，在尸骸的分解过程中需要大量消耗海水中的溶解氧，势必造成海域环境缺氧，引起赤潮海域的生物大量死亡。

最后，有些赤潮生物会分泌赤潮毒素，当鱼、贝类处于有毒赤潮区域内，摄食这些有毒生物后，虽然不会被毒死，但通过食物链的不断积累，其体内有毒物质会越积越多，如果人食用了这些有毒素的鱼虾、贝类，就会引起人体中毒，严重者可能导致死亡。

所以说，赤潮不仅对渔业、养殖业危害很大，而且还对人类的健康产生直接威胁。专家提醒，不能食用赤潮发生海域的海鲜，以免影响身体健康，甚至危及性命。

为什么会发生海啸？

大海特别神奇，有时风平浪静，有时又波涛汹涌。有时候，大海还会发生海啸，海面上会掀起高达数米的巨浪，以排山倒海之势冲上岸堤，席卷一切，像恶魔一般，造成严重的破坏。

那么，大海为什么会发生海啸？

海啸发生的最主要的原因，是由于海底地壳运动发生了断裂，有的地方下陷，有的地方升起，这势必会引起剧烈的震动，引发大海产生波长很长的海浪，传到岸边或港湾后会使水位暴涨，如波浪高过岸堤，就会冲向陆地，造成巨大的破坏作用。所以说，海啸是一种灾难性的海浪。

海啸是由地震、火山爆发或强烈风暴等所引起的海水巨大涨落现象，按成因可分为地震海啸、火山海啸、风暴海啸等几种。地震引发的海啸，通常由震源在海底下50千米以内、里氏震级6.5以上的海底地震引起。当海啸发生时，巨浪最高可达数十米，如同一堵巨大的"水墙"。海啸引发的波长很大，可传播几千千米而能量不减。所以，当到达地面时，巨浪所携带的巨大能量可直接冲击陆地上的所有物体。

海啸的传播速度与它所经海域的水深成正比。例如在太平洋，海啸的传播速度一般为每小时200～300千米到1000多千米。海啸不会在

深海处造成巨大灾害,在深海航行的船只甚至很难察觉这种波动。这说明海啸发生时,船只越在外海越安全。

在茫茫的大海之中,地震引起的海啸,其波浪高度虽然不到一米,但它蕴含着巨大的能量,当它冲击到大陆海岸边或岛屿岸边时,浪高会急剧上升,最高时可达二三十米,而且每隔数分钟或数十分钟就重复一次,破坏力是十分惊人的。

海啸来袭之前，海潮为什么先是突然退到离沙滩很远的地方，一段时间之后海水又会重新返回呢？

原来，在大多数情况下，出现海面下落的现象都是因为海啸冲击波的波谷先抵达海岸。波谷就是波浪中最低的部分，它如果先登陆，海面势必下降。同时，海啸冲击波不同于一般的海浪，它的波长很大，因此波谷登陆后，要隔开相当一段时间，波峰才能抵达。

海啸发生时应该怎么办？

小朋友知道，海啸的破坏力巨大，所以大家不能因为好奇就去观看海啸爆发的恐怖场面。如果人和海浪靠得太近，就可能被海浪卷走。那么，当海啸发生时，我们该怎么做呢？

第一，自己感觉到强烈地震或长时间的震动时，要马上想到可能引发海啸，应该马上离开海滩或海岸，快速到达高处避难或远离危险。

第二，如果接收到海啸警报，即便是在毫无感知的情况下也要迅速离开海边，以防万一。在离开危险之地后，注意收集广播或电视等有关海啸的信息，特别要注意，在没有解除海啸警报之前，千万不要靠近海岸。

第三，我们应该知道，不是所有地震都会引起海啸，但任何一种地震都可能引发海啸。当你感觉大地发生颤抖或地震时，要抓紧时间毫不犹豫地远离海滨，登上附近的高处，等待险情过后再离开不迟。

什么是海洋牧场？

提到牧场，小朋友或许会联想到：牧羊人赶着成群的牛羊在广袤的草原上放牧。但这种牧场是在陆地上的，你有没有听说过"海洋牧场"呢？

我们知道鱼类是人类摄取动物蛋白质的主要来源之一。在一望无际的海洋里，人们很难根据自己的需要来捕捉某些特定品种的鱼类。那么，我们能不能像饲养牛羊一样，对"鱼类"也进行人工饲养呢？在这种想法的驱使下，人们便设想建立起海洋牧场。

什么是海洋牧场呢？

"海洋牧场"是指在一定海域内，采用规模化渔业设施和系统化管理体制，利用自然的海洋生态环境，将人工放流的经济海洋生物聚集起来，像在陆地放牧牛羊那样，对鱼、虾、贝、藻等海洋生物进行有计划和有目的的海上放养和管理。

海洋牧场的建立也是有一定要求的，不是随便划一个地方就行，一般的要求是：海水要冷暖适当，海水中的光线要充足，氧气要充分，环境要安静，流水要畅通。

在海洋中养殖海带、贝类、虾、蟹这些以浮游活动为主或活动区域不大的海洋生物并不难。可是，养殖鱼类可就是两码事。有些鱼类一生中要进行全程几万千米的产卵、索饵、越冬洄游，怎么让它按照人的意志待在一个固定的水域，等待我们前去捕捞呢？

科学家们通过研究，在海底建立人工鱼礁，吸引鱼类在这里安家落户，建起名副其实的海洋牧场。为了建立海洋牧场，可以把石块、废旧车辆、废旧轮胎等堆放在海底。这样，海洋中的许多微小生物就会附着在它上面，成了鱼的丰富食物。同时，这些堆放在海底的"人工礁石"，改变了海水流动的路线，自下而上的水流，把海底营养成分含量高的海水带到海面，增加海水的肥力，吸引着众多的鱼儿前来光顾。

为了防止鱼儿逃跑，在海洋牧场四周的海底可以敷设塑料管道。管道设有许多小孔，用空气压缩机给管道充气，空气会从小孔里冒出来，不断浮升、膨胀、破裂，发出嘶嘶的声响，在水中形成一道气泡幕，如

同气泡栅栏。鱼见到气泡幕很害怕，不敢破幕而出，只好待在牧场里。有可能的话，训练海豚当"牧场警犬"，可以把那些大胆冲出气泡幕的鱼类赶回到牧场里。

海洋牧场化技术包括海洋生物技术、机电一体化技术、新材料技术、环境工程技术、信息技术及资源管理技术等。

海洋牧场的兴起，必将使海洋的蓝色革命结出丰硕的果实！

来，在地球上旅游

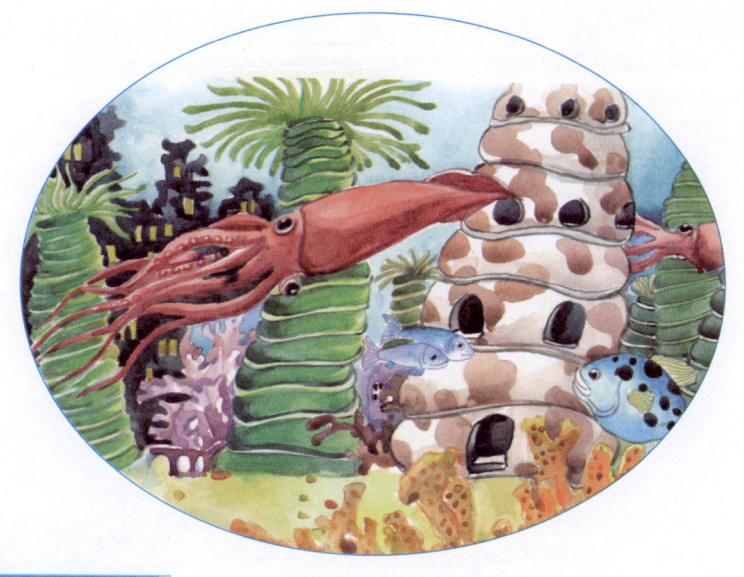

拍拍脑袋想一想

什么是蓝色革命？

悄悄告诉你

提到蓝色革命，小朋友或许会觉得新奇。在这里，我们不妨先介绍一下3种革命。在农业生产中，实行科学种田，使粮食、蔬菜、水果产量大幅度提高，被人们称为"绿色革命"。畜牧业的生产中，采用科学技术，大幅度提高牛、羊、猪、鸡、蛋、奶的供应量，被称为"白色（奶）革命"。在现代渔业生产中，正在实现由天然采捕向农牧化的转变，就是从海洋生物的产卵繁殖、孵化、饲养、生长到收获的全过程，完全由人工控制，就像耕种田地、饲养畜禽、放牧牛羊一样。农牧化的科学技术的发展，主要发生在海洋上，所以称为"蓝色革命"。

海洋水面为3.6亿平方千米，占地球总面积的71%。难怪，现代的人们将视野放到了广阔的海洋上。要知道，目前海洋为人类提供的食物还不到1%。据科学家估算，海洋蕴藏着的水生生物资源十分丰富，地球上90%的动物蛋白质存在于水体之中。所以说，发展海洋牧业，向水面要食物，有着广阔的发展前景，这是21世纪"蓝色革命"担负的重要使命。

为什么河流会弯弯曲曲的?

从高空往下看大地,你一定会发现天然河流都是弯弯曲曲的,没有一条是笔直向前的。你知道这是怎么回事吗?

原来,不论雨水还是流水,水都是从高处流向低处的。河水两边的水流流速不一样,而水流对河岸的冲刷力量也不一样,天长日久,力量大的那一处河岸就会凹进去形成一个弯。河流两边流速每前进一段距离,其力量就会改变,一会儿弯向这边,一会儿弯向那边,所以河道就成了弯弯曲曲的了。

另外，河水流经之处也不是一马平川的，土质结构也不尽相同。土质疏松的地方，很容易被水流冲刷成一个弯；土质硬的地方，受冲刷程度就会弱一些，水会绕过去，保留原貌，河岸就会凸出一块来。而河岸的土质结构也没有规律，土质松的一会儿是左岸，一会儿是右岸，松土容易被冲蚀，于是慢慢就形成弯弯曲曲的河流了。

拍脑袋想一想

河水为什么也会改道？

我们知道，地壳在不断地运动，因此不同地区的升降趋向和速度也不完全相同，从而使河流向相对下降或沉陷的地区流动，也就影响了河水的流道。

在平原河段，大量泥沙会因重量的原因而不断淤积，使河床略低或高于河堤，一旦洪水来临，河流决口处便会被汹涌的河水冲成新的河道。

河道的改变从根本上说是由输沙的不平衡造成的。在一定的条件下，任何一条河流内的水流都具有一定的挟沙能力。如果河流的来沙量与挟沙能力不相上下的话，水流便会处于输沙平衡的状态，换句话来说，河床既不会被冲刷，也不会淤积。在相反情况下，如果来沙量与挟沙能力不一样，则水流处于输沙不平衡的状态，河床将会发生相应的冲淤变化。当河流的来沙量大于挟沙能力时，过多的泥沙将逐渐沉积下来，使河床淤高，给河堤带来被冲毁的危害；当来沙量小于挟沙能力时，多余的泥沙将会逐渐自河底流走，将河床冲深。

在河道上蓄水拦洪、裁弯取直、开挖人工河道等都会改变河道。

悄悄告诉你

黄河的水怎么那么浑？

有一句歇后语叫做"跳进黄河——洗不清"，意思是：遭到极大的冤枉，就如跳进黄河洗不干净了。为什么跳进黄河反而洗不清了呢？原来，黄河水含有大量的泥沙，浑浊异常。那么，黄河的水为什么是那样浑呢？

黄河以泥沙多而闻名于世，其含沙量之多在世界江河中是绝无仅有的，所以古人常以"黄水--石，含泥六斗""黄河斗水，泥居其七"等来描述它。黄河含有的泥沙多不说，同时，黄河中的泥沙颗粒还非常细，河水有时甚至成泥浆状态，想想看，这样的河水能不浑吗。难怪人们会说"跳进黄河洗不清了"。

河水浑浊！含沙量又大！难道黄河最初就是这样的吗？

答案是否定的。事实上，几千年前的黄河上游，曾经是森林茂密、水草丰美的地方。这里森林的覆盖率很高，尤其是西北高原，是一片茫茫林海。想想看，在这样的环境下，黄河的水怎么能不清澈见底呢？

那么，黄河流域的茂密森林是怎样被毁掉的呢？主要有以下几个原因。

一是战争的摧残，战争或者战后家乡的重建，都需要大量的木材，因而造成了对森林的过度砍伐；二是毁林开荒及不合理的砍伐，过去，地里的粮食产量低，人们为了填饱肚子，只有扩大耕地面积，在当时的条件下，砍伐森林是人们认为不错的途径之一；三是火灾的烧毁，这里涉及自然因素和人为因素，如打雷引起的火灾可能将森林烧尽，这属于自然因素，而人为因素也有可能引发火灾，将森林烧光；四是历朝统治阶级为了追求穷奢极欲的生活，不顾劳动人们的死活，大兴土木建造宫殿官邸，不惜砍伐树木，破坏森林。

黄土高原上覆盖着一层厚厚的黄土层，土质疏松，每到汛期，雨水会夹杂着大量泥沙进入河道。

科学原来如此

今天的黄土高原，原有的森林几乎破坏殆尽，水土流失面积严重，水土流失面积要占到总面积的90%，比较严重的地区占60%。每年每平方千米的土地中被雨水冲刷走的土壤为5 000～15 000吨。据今天的实际观测，黄河每立方米水中平均含泥沙87.6千克，汛期最高时竟有651千克。平均每年流入三门峡下泻的泥沙达16亿吨！黄河因而成为世界上含沙量最高的河流。如此高的含沙量，黄河之水能不"黄"吗？由此可知，想要让黄河之水逐渐恢复澄净，就必须从根本上着手治理，大力植树造林，涵养水源，保持水土。我国"三北"防护林体系工程的建设，对改变黄河流域严重的水土流失现象起到重要的作用。

条条江河都要流入大海吗？

小朋友或许会问，陆地上的条条江河最终都流入大海了吗？

不是，因为世界上有近1/3的河流与海洋根本无缘，不会流入大海。

河流一般分为外流河和内流河两大类。能直接或间接流入海洋的河流，称为外流河，我国的长江和黄河、北美洲的密西西比河等均属于外流河。外流河一般处在气候比较湿润、降水丰富、蒸发量较小、离海较近的大陆边缘地区。中国外流河流域占中国土地总面积的64%。

那些不能流入海洋的河流，人们称其为内流河，也叫内陆河。内陆河一般处于离海洋较远的大陆内部地区。这些地区的气候往往比较干燥，降水量少，水源补给不足，日照强烈且蒸发量大，再加上山脉的阻挡，所以处在该地区的内陆河除部分流入内陆湖泊外,其余大部分会在流淌过程中慢慢消失。中国第一大内流河为新疆的塔里木河,它曾注入罗布泊,但后来因两岸用水过多,导致罗布泊干涸。

所以说,并不是"条条江河归大海"。

咸水湖是怎样形成的？

在我们的印象中，湖水一般是无味的，可事实上世界上有许多咸水湖，那里的湖水是咸的。通常人们把含盐量少于0.3%的水称为淡水，含盐量在0.3%～2.47%的水称为半咸水，含盐量超过2.47%的水称为咸水。咸水湖就是指湖水含盐量超过了2.47%的湖。

那么，咸水湖是怎样形成的呢？

原来，大多数的湖泊都是靠河水注入来保证持水量的。河水在流动过程中，会将一些岩石、土壤中的某些无机盐（盐分）给溶解了，使得水中带有一定的盐分；另外，沿途流入河流里的地下水中也溶解有一些无机盐。如果湖泊有其他出口，湖水源源不断流出，盐分也能跟着湖水流出去。所以，在水流畅通的湖泊中，无机盐不容易沉积下来，这种湖泊也多为淡水湖。例如，我国的鄱阳湖和洞庭湖，它们接收了许多大河的水流，可最后湖水又都流入长江，因此它们都是淡水湖。这里的水如同是加入长江的"中间站"里的水。

有些湖泊排水不是很畅通，或者说湖水进多出少或根本不出，而且蒸发量大，久而久之，湖水中无机盐的含量会越来越高，导致湖水愈来愈咸，成为咸水湖。我国最大的内陆咸水湖是青海湖，湖泊的集水面积约29 661平方千米，最深处达38米，湖面海拔3 196米。

秋冬的湖面上为什么会冒"热气"？

居住在湖边的小朋友一定会发现：每到秋天和冬天的早晨，湖面常常会冒"热气"，有时丝丝缕缕，有时烟雾腾腾。或许你会认为这些"热气"一定很暖，但如果你把手伸出来一试，你就能发现它们其实一点儿都不热，反而是冰冰冷冷的。这是怎么回事呢？

湖面上的"热气"是由湖面水蒸发形成的。每到深秋或冬季时，冷空气迅速南下，气温骤降，夜里或清晨的气温更低。而湖水降温慢，其

温度比气温要高。比较温暖的湖面上蒸发出来的水汽，源源不断地进入冷空气中，当蒸发出的水汽超过了湖面上低温空气所能够容纳的水汽时，多余的水汽便会在空气中凝结成小水滴。又因为这些小水滴很小，悬浮在湖面上空，便形成了"雾"。不过，这种雾和人们常说的雾有点儿不同，被称为蒸发雾。

湖面的水和气温的差别越大，蒸发雾越容易发生，蒸发雾也就越浓。如果湖泊的面积很大、湖水很深、水温和气温相差也很大时，还会出现漫天大雾的现象。在这种情况下，大雾经久不散，几天甚至几个星期都不散去，直到湖面的水结冰，蒸发雾才会消失。

有时候，河流和小池塘也会出现蒸发雾的现象。小朋友只要用心观察，就一定会看到。

瀑布是怎么形成的？

你见过瀑布吗？我国有许多著名的瀑布，像位于贵州省的黄果树瀑布、安徽省黄山的九龙瀑布、黑龙江省的吊水楼瀑布、浙江省的大龙湫瀑布、山东省崂山的龙潭瀑布、广西壮族自治区的冷水瀑布、云南省最大最壮观的大叠水瀑布等。这些瀑布以独特的壮观气势，独自的美妙，曾吸引着古今中外的许许多多游客前来观赏。那么，你知道这些令人陶醉的瀑布是怎样形成的吗？

在地质学上，瀑布也叫"跌水"，指河流在经过陡坡或悬崖时倾斜下来的水流。瀑布的形成需要两个条件：一是水流，二是极陡峭的地势，如悬崖等。对于水流，大家都很熟悉，我们便不赘述了。至于地势，你可知道哪些地质变化才能形成陡坡呢？

首先，地壳由于不断运动发生了断裂错动，断裂的两侧又产生了相对升高与降低，最终形成了很陡的岩壁，一旦有河水流经这里时，水自然会飞泻而下，形成瀑布。

其次，火山喷发以后，在火山的顶端就会留下火山口，如果雨水特别大，火山口就会积水形成湖，当湖水多到溢出时，水的自然流动就可以形成瀑布。长白山天池的瀑布就是属于这种类型的瀑布。

再次，火山喷发的岩浆，地震引起的山崩，有部分岩浆流到河道，

并堵塞了河道,形成了天然的堤坝,当河水越积越多,水位抬高后溢出也会形成瀑布。

还有,河床因构成的岩石的性质不同,硬软程度有差别,导致抵抗河水的冲击力也不一样,硬性的岩石抵抗力强些,不易被冲蚀,而软性的岩石抵抗力就弱些,容易被冲蚀,随着时间的推移,就会造成河底的高低差别,形成瀑布。

总之,瀑布形成的因素很多。但在某些情况下,瀑布会"急流勇退",突然消失。

瀑布发生在河流的时段内，瀑布是一种暂时性的象征，它最终会消失。这是由于侵蚀作用的速度取决于特定瀑布的高度、流量、有关岩石的类型与构造以及其他一些因素。造成跌水的悬崖在水流的强力冲击下，将会不断地坍塌消失，使得瀑布向上游方向逐渐后退，并逐渐降低了高度，当降到和一般的河床一样高时，最终瀑布就会消失。而在另一些情况下，河水的这种侵蚀作用又倾向于向下深切，并斜切包含有瀑布的整个河段。随着时间的推移，这些因素的任何一个或两个在起作用，阻止了河床上形成瀑布。

拍拍脑袋想一想

济南为什么特别多泉水？

济南是我国著名的泉城，每秒大约有 4 立方米的泉水涌出地面。单是著名的趵突泉，每天就涌出 7 万立方米的泉水。另外，比较著名的还有珍珠泉、黑虎泉、金线泉等。你或许会感到好奇，济南的泉水怎么会这样多呢？

这与济南的地理位置和地质结构有关。

济南位于南部山区和北部平原的分界线上。南部山区的千佛山主要由岩石组成，北部平原的泥土下面也隐伏着岩石。不过，两种岩石的结构并不相同。山区的岩石是在大约 4 亿年以前形成的，是一层很厚的石灰岩，而平原地下却是岩浆岩。千佛山的石灰岩以大约 30 度左右的斜度由南向北倾斜，到了济南，正好被地下的岩浆岩截断。

石灰岩本身结合得并不是很紧密，也有孔隙、裂隙和洞穴，地下水流到这里能够被储存和输送。地下水是从高处向低处流动的。顺着石

悄悄告诉你

灰岩岩层的倾斜，南面山区特别是千佛山大量的地下水急速向济南一带流动，这就为济南的泉水提供了水源。

当千佛山大量的地下水流到济南之后，一方面碰到了岩浆岩的阻挡，因岩浆岩的组织很紧密，所以地下水就在那里储存了起来；另一方面，济南地面上覆盖着一层不透水的黏土，地下水也不能自由地流出地面。拦蓄起来的地下水会越积越多，由于不能前进，需要另辟蹊径，寻找可能的出路，终于找到了岩石的缝隙，便拼命往这里涌，力量很大，于是，便从石头的缝隙喷涌了出来，形成济南壮观的喷泉。

科学家经过研究济南的地质得知，从地表向下至8米，是砂、砾、黏土层，8米到82米为白云质的石灰岩与大理岩。在30米以上的大理石层中，这里的裂隙、溶洞比较多，在24米处有一小溶洞带，约有1米多厚，这是地下水流动和聚集的地方。

简单说来，特殊的地质条件造就了济南的"泉城"之名，其南部的山区所储藏的丰富的地下水，就像专门供给济南泉水的天然水塔——取之不尽，用之不竭。难怪有人赞美济南是"家家泉水，户户垂柳"。

最近几年，由于天气干旱；再加上工业用水增加，有时候会导致地下泉水断流，当遇到大雨，补充了地下水，泉水又会不断涌现出来。

是谁把温泉的水"烧"热的?

不知你见过温泉没有?人们一般将水温在25℃以上的泉叫做温泉。有些泉的泉水是烫手的,有些甚至可以把鸡蛋煮熟,这叫沸泉。例如,在云南腾冲,一些商贩便利用沸泉周围的气孔筑成石坑,将鸡蛋用草绳串在一起蒸熟向游客出售,所以有"云南十八怪,鸡蛋串着卖"的说法。腾冲地热温度之高、水蒸气之盛为国内罕见,其中"大滚锅"沸泉的水温高达96.6℃。

温泉里的水那么热,是谁把泉水"烧"热的呢?难道地下还有锅炉吗?

地下当然没有锅炉,但地球内部却如同一个锅炉一般,能产生极高的热量。在地球内部越深之处,其温度越高。在地面以下20~30米深的地方,温度很不稳定,而且和气温很接近。再往下,高度每下降100米,温度就会提高3℃。按照这个规律推算,在地球几千米深的地方,温度可达几十摄氏度到100℃,甚至更高。

水在地下深处被加热后再涌出地面,就是温泉了。那些很深的断层,常常也是温泉涌出的通道,在地下深处,热水是很多的,只是没有涌出

地面而已。假如它们都能自由地流动到地面上来，那么，世界各处都能见到天然的热水了。

还有，当火山喷发时，地球内部发生剧烈的变化，大量熔融的岩浆冲出地面。不过，也有不少岩浆在还没有冲出地面时，半路停留在接近地表的一带。这部分残留在地面以下的岩浆，随着时间的推移就会慢慢地把自己的热量扩散在地层里，使得那里的地下水温度升高，也会形成温泉。同时从岩浆中分离出来的一部分水蒸气，也起到了抬高地下水温度的作用。所以，经历过火山活动的地区，温泉出现的可能性比较大。

可见，温泉的产生与地球内部的活动密切相关。

拍拍脑袋想一想

为什么可以利用矿泉水浴疗？

悄悄告诉你

利用矿泉水进行浴疗，方法简单，成本低，是一种良好的健身方式。那么，矿泉水浴疗为什么会对健康有益呢？

这主要是由于矿泉水的温度、压力、浮力及矿物质等元素对人体的物理作用，以及矿泉水中的各种气体、盐类和微量元素的药物产生化学作用的综合结果。

利用矿泉水浴疗，身体对温度的感受是最灵敏的。温泉不同的温度，对身体的神经起着不同的调节作用，同时可以促使全身的毛细血管舒展开来，加速血液循环，有利于身体健康。

当人们进行矿泉水沐浴时，身体所受到的压力和浮力比在普通水中要略大一些。这对于呼吸肌能起很好的锻炼作用，对于治疗肌肉和神经系统的疾病有很好的疗效。矿泉水中所含的很多矿质元素是普通水所无法比拟的，能对人体的神经系统起保健作用。有些挥发性物质还可经过呼吸道进入体内发挥作用，起到治疗疾病的效果。

沼泽地是怎么形成的?

什么是沼泽地呢?沼泽地就是指地势低洼,排水不畅,经常积水,土壤呈过度湿润状态,主要生长湿生植物并有泥炭堆积的土地。那么,沼泽地是怎么形成的呢?

湖泊可以演变成沼泽地。在气候湿润的地区,河水挟带着大量的泥沙汇入湖泊,因为水面突然变得宽阔起来,水流的速度减慢下来,河水携带泥沙的能力也就逐渐减弱,泥沙因本身的重量便在湖边沉积下来,逐渐形成浅滩。还有一些微小的物质,随着水流漂到湖泊宽广处,也会逐渐沉积到湖底。随着时间的推移,湖泊底部沉落的泥沙等物质会越来越多,湖泊水也就变得越来越浅。在湖水深浅不同的位置上,会长出各种各样的水生植物,这些小生物还会逐渐繁茂起来。大大小小不同的水生植物会不断生长、死亡。生命的周期不断循环。这样一来,大量腐烂的残体不断在湖底堆积,湖底逐渐被抬高,湖泊变得越来越浅,越来越小,最终由原来水面宽广的湖泊就变成了浅水覆盖、水草茂密的沼泽。

除了上面提到的这种成因,沼泽的形成还可能有下面几种情况:

在森林地区,枯枝落叶不断地落下堆积,如同给地面盖了一层厚厚

的被子,这样的情况,既能积蓄大量的雨水,又能减少土壤水分的蒸发,这样,就会保持着过度湿润的状态。长期的堆积炭化催生长出了繁茂的苔藓植物,逐渐形成沼泽。我国大、小兴安岭森林中的沼泽地就是这样形成的。

有些过于湿润的草地,起初杂草大量繁殖,形成了十分厚实的草层,土壤通气状况变差,炭化逐渐减少,使原有植物逐渐衰亡,生长出水藓等喜湿润环境的植物,保持了水分,草地向沼泽化迅速发展,最终形成沼泽。四川西部的草地,有一部分就是这样形成的。

有些高原、高山地区,冬季地面积雪,到次年春夏季节冰雪融化,水分没有流出,地面积水越来越广,使短草和苔藓植物杂生,形成沼泽。

还有,一些低洼平原上的河流沿岸,在河水浅、流速慢的地方,也可以生长水草,逐渐形成沼泽。沿海低凹处被海水淹没,在海滩上会长出大量的芦苇、杂草等,也可形成盐沼泽。

拍拍脑袋想一想

湿地是怎么回事？

对于"湿地"一词，大家或许并不陌生，但究竟什么是湿地，你知道吗？

湿地是指天然或人工形成的沼泽地等带有静止或流动水体的成片浅水区，还包括在低潮时水深不超过6米的水域。湿地所组成的生态系统是湿地生态系统，沼泽是典型的湿地生态系统，以沼泽植物占优势，动物的种类也很多。湿地具有净化水源、蓄洪抗旱的作用，又有"地球之肾"的美誉。

湿地是位于陆生生态系统和水生生态系统之间的过渡性生态系统，土壤长期浸泡在水中，因而生长着很多湿地特有的植物。很多珍稀水禽的繁殖和迁徙也都离不开湿地，所以湿地又被称为"鸟类的乐园"。湿地居住着多种多样的生物，因而具有生物的多样性，是人类最重要的生存环境之一。

小朋友，你知道湿地具有哪些重要的作用吗？

首先，湿地具有强大的沉积和净化作用。流水进入湿地后，流水容纳的各种物质会随水流速度的减弱而缓慢沉积下来，成为湿地植物的养料，其中的有毒物质会随着食物链被不断分解，可以净化水源。

第二，湿地物种十分丰富，有着丰富的动植物资源，在科学研究中有着重要的科学价值，尤其是在育种方面。

第三，湿地中有大量的水资源，这对水的生态循环具有重要作用。湿地可以参与地下水的交流，可以涵养水源、调节地表流水，对防止干旱和洪涝有重要作用。

第四，湿地可以保护海岸，防止侵蚀以及海水倒灌。例如热带和亚热带的红树林对海岸侵蚀的防止作用最为明显，同时还有防风作用。

第五，湿地可以影响当地的小气候。湿地的水分多，对小气候有影响。干旱地区中，周边地区比其他地方的气候湿润，产生的水蒸气多，可以增加空气湿度，增加降雨，从而促进大自然中的水循环。

悄悄告诉你

天上为什么会下雨？

滴答，滴答，下雨啦！天上怎么会下雨呢？难道天上还有"水库"，会定时"放水"？

实际上，天空本身几乎是没有水的，形成雨水的"水"其实是从地球表面"运"上去的，然后再从天上落下来。这又是怎么一回事呢？

原来，江、河、湖、海里的水受到太阳照射后，就会蒸发成水蒸气。水蒸气上升又变做小水滴，无数微小的水滴或冰晶又组成了云。这些水滴或冰晶在云中互相碰撞，一个、两个、三个……然后逐渐合并成大的

水滴或冰晶。当到了一定程度，空气托不住它们时，水滴就会从天上落下来，这便是雨水；而冰晶下落到温度比较高的低空时，也会融化成水滴落下来。

另外，如果冰晶在下落到低空时，空气中的温度比较低，冰晶没有融化，那它就会以冰雹的形式出现。如果是在冬天，气温很低，空中就容易落下雪。当然，各种不同的情况会随着季节的不同而出现变化哦。

夏天为什么常常有雷阵雨？

夏天的午后或傍晚，常常会出现电闪雷鸣的天气——这就是雷阵雨。那么，为什么夏天最容易出现雷阵雨呢？

夏天，空中含有很多的水蒸气，在强烈的太阳照射下，空气的温度升高，水蒸气就会向上升起。这样，水蒸气可以被强大的上升空气推送到1～2千米的高空，形成大块的积云。积云还会继续上升，使云块不断加厚和扩大，当升高到7～8千米以上的高空时，便会形成厚度达几千米的积雨云。这样的高空蕴含着大量的水汽、小水滴和冰晶，而小水滴和冰晶会逐渐变大，最终形成雨水下降。

夏天经常下雷雨，它的形成需要具备两个条件：一是地面温度高；二是大气层中湿度大。地面温度高，地面空气便升温快，然后变轻飘到高空。同时，空气中的水蒸气也会大量上升。这样，高温和大量的水蒸气就为下雷阵雨奠定了基础。难怪，在雷雨之前，还伴随着极为闷热的天气。

还有一种情况是，天气虽然很闷热，却没有出现雷雨。这是因为夏天雷雨的范围很小，雷雨移到别的地方去了。

梅雨是怎么回事？

我们在电视上或人们的谈话中，经常会听到有关南方梅雨季节的议论。那么，什么是梅雨季节呢？

在我国长江中下游地区，每年梅子黄熟的季节，天气总是阴沉沉的，细雨连绵不断，有时还会出现暴雨，当地人把这种天气叫"黄梅天气"，这种雨在气象学上叫梅雨。梅雨发生的时间一般在6月中旬到7月上旬前后，这一时期往往被人们称为"梅雨季节"。梅雨季节，空气中的湿度大，气温也比较高，衣物等东西容易发霉，所以人们也叫梅雨为"霉雨"。"黄梅时节家家雨，青草池塘处处蛙"是对黄梅季节的自然景象最生动的描写。

梅雨区的范围很大，北起我国淮河一带，南到南岭以北，西起湖北、湖南，东到朝鲜的最南部和日本的中南部，都会出现梅雨天气。这就是说，梅雨季节不是中国"特有"的，而是东亚地区的气候现象。

那么，梅雨是怎么发生的呢？

梅雨是北方冷空气向南方移动时，遇上了向北移动的南方潮湿的暖空气形成的。在冷暖空气的交界面上，暖空气相对比较轻，很容易爬到冷空气的上面，暖空气中含有的水蒸气遇到冷空气就会形成大范围的连续性的降雨。在气象学上，这种雨叫做锋面雨，冷暖空气的接触面叫做锋面。

梅雨季节，由于南方暖空气北上的势力还不算强，北方的冷空气势力虽然开始减弱，但是势力还是比较强的。当相遇的冷暖空气势均力敌时，便会在长江中下游地区展开拉锯战，使降雨区长期徘徊在这一带，久久不肯离去，于是形成连绵不断的梅雨。

到了 7 月中旬前后，天气越来越暖，南方的暖空气势力不断强大，锋面迅速北移，于是南方的梅雨季节也就宣告结束了，而北方便开始了多雨天气。

梅雨季节的雨多或雨少，直接关系着当地的农业生产呢。

干雨、冻雨和酸雨是怎么回事？

什么是干雨呢？干雨是一种不落地的雨，也就是当下雨时，雨点还没有落到地面上就已经干了。干雨一般出现在沙漠、戈壁滩上，不用多说，这里的气温肯定很高，雨水很快被蒸发。在新疆吐鲁番盆地，人们很难遇到一次下雨的机会。即便是偶然发生一次，虽然看到天空浓云低垂，听到几声闷雷，有串连成丝的雨水掉下来，可是，地面却看不到潮湿的地方。人们把手伸得高高的，有些人偶尔可以接触到一些潮湿的水汽。这种"高空下雨，低空无雨"的现象，人们就称它为"干雨"。

原来，沙漠地区降雨十分稀少，长年无雨，造成低空极端干热，蒸发能力特别强，这就使降雨变成了一种奇特的"干雨"。想想看，这样的降雨沙漠能不干旱吗？

冻雨是初冬或冬末春初时节的一种天气现象。

在冬天，人们可以看到，空中的雨落到冰冷的地面和电线等物体时，立即就凝结成冰，于是电线变成了粗粗的冰条，地面上也积了一层薄薄的冰，这就是冻雨。气象学上称其为雨凇。

冻雨多在强冷空气或寒潮到达时，由冷暖空气交锋而产生。当冷空气入侵时，锋面下的气温和地面温度都降到0℃以下，温度比较低，而锋面上方的气温却在0℃以上。当锋面上方的云层形成的雨滴落入温度低于0℃的气层时，就变成了过冷的雨滴，它一旦降到温度低于0℃的地面或物体上时，立即冻结成冰——冻雨就这样形成了。

冻雨对交通、电力、农业等都会造成危害。电线结冰后遇冷收缩，加上冻雨重力的影响，可能会绷断，使电讯和输电中断；公路交通因地面结冰摩擦力减少，交通事故会增多；田地结冰，会冻坏农作物……所以，我们应当做好预防冻雨危害工作。

酸雨是指pH值小于5.6的雨雪或其他形式的降水。雨、雪等在形成和降落过程中，吸收并溶解了空气中的二氧化硫、氮氧化物等物质，形成了pH值低于5.6的酸性降水。酸雨主要是人为地向大气中排放大量酸性物质造成的。我国的酸雨主要是因大量燃烧含硫量高的煤而形成的。此外，各种机动车排放的尾气也是形成酸雨的重要原因。酸雨对环境所造成的危害是极其严重的，被称为"空中死神"。例如，酸雨可以使土壤中的养分发生化学变化，从而不能被植物吸收利用；酸雨可以使河流和湖泊酸化，从而使鱼虾等水生生物的生长发育受到影响，严重时还会造成死亡；酸化的水源威胁人们的健康，影响饮用；酸雨可以直接危害植物的芽和叶，当酸雨严重时可以使成片的植物死亡；酸雨还会腐蚀一切暴露于空气中的设施及历史文物古迹等，甚至危害人体健康和城市的生态。

什么是人工增雨？

天气干旱时，需要大量的雨水来解除干旱对农作物的影响，于是人们想到了人工增雨。

人工增雨，是采用人为的方法对一个地区上空可能下雨或正在下雨的云层施加影响，开发云中潜在的水资源，使降水量增加，缓解旱情。要使不下雨的云层发生降水，可以通过人工在云中增加足够数量的冰晶（是水汽在冰核上凝华增长而形成的固态水成物）。因为冰面上的饱和水汽压比水面要低，当云层内的水滴中冰晶增加时，水滴中的水会自动蒸发并凝集到冰晶上去，使冰晶不断长大，当大到空气的浮力不足以支持它们的重量的时候，便会落到地面形成雨或雪。人工增雨一般是利用高射炮、火箭、气球、飞机向空中播撒催化剂等，使云产生降雨的条件，促成降雨。

人工增雨一般分为冷云降雨和暖云降雨两大类。

利用冷云降雨的方法有两种：一是利用飞机到云中喷洒冷冻剂——干冰（固体二氧化碳）之类物质，使云层中的温度降低，形成更多的冰晶；二是利用飞机将假冰晶——碘化银微粒洒入云中，水蒸气就会凝结在这些微粒上，云中的冰晶数量也会增加，便能促进冷云降雨。据测定，在理想条件下，1000克碘化银播撒到1000立方千米的云中，每个冰晶

来，在地球上旅游

都能长大成为直径为 1.3 毫米的雨滴，并产生 10 毫米的降雨量，雨水的总量可达 1 000 万吨。

利用暖云降雨，也可采取两种方法：一是用飞机往云中播撒吸湿性强的凝结核（如食盐、氯化钙等），使得云中的水蒸气很快依附在凝结核上，形成较大的水滴落下；二是用大炮轰击云层，利用强大的声波使水滴之间发生碰撞，结合形成大雨滴，降落成雨。

大量试验证明，人工催雨后可以增加 10% ~ 20% 的降雨量。

拍拍脑袋想一想

什么是人工消雨？

人们需要雨水，就可以通过人工增雨得到雨水。那么，如果遇到特大的洪灾，当地的气象还是持续处在降雨的天气，人们多么需要减少降雨啊！还有，一个重大的节日，或开重大的国家或世界性运动会，本是处在阴雨天气里，但需要一个晴空万里的天气，是不是也可以通过"人工消雨"的方式来达到目的呢？答案是肯定的。那么，什么是人工消雨呢？

人工消雨的原理是：当我们需要某一个地区少降雨水时，可在降水云层尚未到达目标时，对这种云层实施人工消雨；当云层到达目标区时，则在云中播撒竞争性冰核，使其不能形成足够重量的水滴，这样小水滴便会留在云层中，从而达到减雨或消雨的目的。

人工消雨主要有两种方法。一是让雨提前下。在保护区上风方向及周围邻近地区进行人工增雨作业，不要下在不想下的地区。通过在降水云团的上游地区采用大范围、大规模的人工增雨作业，使天气系统的能量加速扩散，同时使得空中水滴提前快速形成，并且提前降落地面。这种方式可以使一些降水提前降落，从而保证了预定的好天气。二是让雨憋着不下。通过过量播撒高浓度冰晶，抑制云降水，等到云层过了该地区，到了另一个地区再下雨或不下雨。

对于人工消雨，科学家们做了大量的研究试验，并取得了可喜的成果。人工消雨把暴雨化成大雨或小雨，减少暴雨对农业生产的危害，把损失降到最低。

悄悄告诉你

为什么会发洪水？

人们常将"洪水"形容为"猛兽"，洪水对人类的危害可见一斑。洪水指的是下雨时，江河、湖泊水位自然上涨，超过常规水位的水流现象。洪水往往会给人们的生活和生产带来极大的危害，甚至危害人畜生命安全。那么，你知道洪水是怎么发生的吗？

洪水一般出现在多雨季节。雨水降落到地面以后，有的渗透到地底下去了；有的蒸发到空气中去了；还有一部分顺着地面流走了。顺着地面流走的那些雨水，经过小沟、小溪，最后流进了江河、湖泊。降雨强度和降雨量越大，下雨的时间越集中，流入江河、湖泊的雨水也就越多。

如果在短时间内，大量雨水迅速汇入河中，使江河、湖泊水量猛增，水位急剧上涨，其水量超过了江河、湖泊本身的最大输送能力，这时就会爆发洪水，造成水灾。

洪水可分为河流洪水、湖泊洪水和风暴洪水等。其中，影响最大、最常见的洪水是河流洪水，尤其是流域内长时间暴雨造成河流水位居高不下而引发堤坝决口，对地区造成巨大损害，甚至会造成大量人员死亡。依照成因不同，河流洪水又可分为以下几种类型：暴雨洪水、山洪、融雪洪水、冰凌洪水和溃坝洪水。

洪水是一个十分复杂的灾害系统，诱发它的因素很多，降水过多、风暴、地震、火山爆发、海啸等都可以引发洪水，甚至人也可以造成洪水泛滥，如人为地将大堤决裂，让洪水泛滥。这一般是在战争时期才可能发生的。

洪水发生时会对人类造成很大的危害，如造成人员的伤亡，建筑物损毁，房屋倒塌，农田被淹，庄稼绝收，生态平衡遭到破坏……

防止洪水灾害的发生，除了要修筑好防洪水利工程外，还要在荒山上植树造林。山上种了树，在大雨到来的时候，水和土就不会大量流到河里，就能减少洪水、泥石流灾害的发生。

科学原来如此

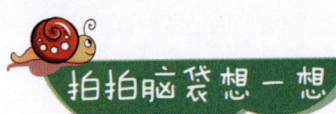

拍拍脑袋想一想

突然遇到暴风雨或洪水时，我们应该怎么办？

暴风雨就要来了！这时候你该怎么做呢？

1. 找一个安全的地方，躲避暴风雨。

2. 为了预防暴风雨，每天养成收听广播或收看电视台的天气预报的习惯，做到心中有数。

3. 如果在户外突然遇到暴风雨，千万不能跑到树下躲雨，以防雷击。若有可能的话，先在路边的商店、超市等处暂避一下，等雨停了再走。

4. 在遇到暴风雨的时候，最好的办法是给爸爸妈妈打电话，让大人来接。

悄悄告诉你

当洪水来临时，我们又应当怎样自救呢？

1. 受到洪水威胁时，如果时间充裕，应有组织地向山坡、高地等处转移；在来不及躲避的情况下，要尽可能利用船只、木排、门板、木床等，往水上转移。

2. 洪水来得太快，已经来不及转移时，要立即爬上屋顶、楼房高处、大树或高墙上，暂时避险，等待援救。此时，不要独自游泳转移。

3. 在山区，如果连降大雨，容易暴发山洪。遇到这种情况，应该注意避免渡河，以防止人被山洪冲走，还要注意防备山体滑坡、滚石、泥石流的伤害。

4. 发现高压线铁塔倾倒、电线低垂或断折，要远离避险，不可触摸或接近，防止触电。

5. 洪水过后，要服用预防流行病的药物，做好卫生防疫工作，避免发生传染病。

为什么会发生泥石流？

泥石流突然爆发时，一股黏稠的泥浆挟裹大量石块，以排山倒海之势，沿着峡谷奔泻而下。其所经过之处，泥浆飞溅，山谷轰鸣，顿时成一片泥海。泥石流其实就是挟有大量砂石的特殊洪流，那么，它是怎么发生的呢？

泥石流通常发生在温带或半干旱地区的山区里，当下雨过大或时间过长时，往往会伴随着泥石流的发生，速度最快可达 10 米 / 秒。上千吨的巨石被裹在泥浆之中，忽浮忽沉地被带到山下较平坦的地区。这股向下冲的力量非常强大，可以把数亿吨土石搬到山下。泥石流所到之处摧枯拉朽，破坏力相当惊人。

一般来说，发生泥石流的"源头"往往是四壁陡峭的只有一个狭窄出口的谷地。谷地附近的山几乎没有什么植被，四周光秃秃的，不能护住山上的泥沙。再加上山顶的岩石长久受到日晒雨淋、风雨剥蚀和风化的作用，早已崩解成大大小小的岩石块，在重力的作用下，塌落在谷地中，被大量储存起来，成为泥石流发生的主要物质来源。如果这些岩石是在雪峰附近的话，这种作用会更加明显，尤其是到了晚上，进入裂缝中的水结成冰，体积膨胀，会加速岩石的崩解；白天冰融化了，岩石碎块失

去了黏附力，就会借着风力纷纷塌落。如果附近的雪峰发生雪崩，就会推动大量的石块蜂拥而下。

发生泥石流还需要大量的水分。连续下大雨时，大量的雨水使堆积在谷地里的石块都被浸润，此时的水就会像润滑油一样，使石块、泥土之间的内摩擦力与黏附力减少。如果石块正好位于一个较大的陡坡上，在重力作用下，这些被浸润的石块和泥土就会慢慢移动起来。石块下滑的速度越来越快，最后发生泥石流。

通常情况下，泥石流发生突然，来势凶猛，具有强大的能量，因而破坏性极大。

泥石流流动的全过程时间长短不一,长的一般达几个小时,短的只有几分钟。泥石流经常发生在峡谷地区和地震火山多发区,在暴雨期具有群发性。它是一股泥石洪流,瞬间发生,是山区最严重的自然灾害之一。

如何应对泥石流的发生?

当你在沟谷内逗留或活动时,一旦遭遇大雨、暴雨,要马上想到可能发生泥石流,应该毫不犹豫地转移到安全的高地,千万不能在低洼的谷底或陡峻的山坡下避雨躲避,更不能停留。

此外,我们还需处处留心周围环境,尤其警惕远处传来的土石崩落、洪水咆哮等异常声音,这很可能是即将发生泥石流的征兆,如有异常,应该马上跑到安全的地方。

一旦发现泥石流袭来时,要马上向沟岸两侧的高处跑,切忌不要顺沟方向往上游或下游跑,这样的跑法很可能是致命的。

如果在泥石流发生前已经撤出危险区的人,暴雨停止后不要急于返回沟内住地,要等待一段时间,没有安全隐患了再回去。

开车要注意的是,不要走不熟悉的积水路面,如果在低洼处抛锚,应该立即弃车到高处等待救援。

天上怎么会下冰雹？

冰雹是一种常见的自然现象，也是一种自然灾害。冰雹形状多变，有圆形的，有圆锥形的，还有不规则形状的。那么，冰雹是如何形成的呢？

人们仔细研究了冰雹，发现冰雹的本质就是"冰块"。它的内部有透明和半透明的间隔层次，其中心有 1～2 毫米直径的核心——雹胚。冰雹总是在对流特别强烈的云中形成。

冰雹云很厚，有时甚至可以达到十几千米的厚度。云顶的温度很低，一般在 -40℃ 以下，云层中上升气流很强，每秒可达到 15～20 米以上。同时，云层里的空气在上升时，温度会随着高度的升高不断下降，大量的水蒸气凝结成云滴。这些云滴很小，又十分洁净，温度在 -30～-20℃ 之间，大部分云滴仍然不结冰，人们称之为"冷水滴"。

云滴随气流上升，但其中一些比较大的上升比较慢，它们不断和其他水滴相碰与合并，慢慢地"胖"起来。大云滴在低温下极易冻结成透明的冰珠，这就是我们所说的雹胚。

另外，云中低温区还会产生一些冰晶，水汽会在冰晶上凝华，使冰晶的"身材"进一步增大。大的冰晶也能同水滴相碰，水滴受冷后被冻结在冰晶上，逐渐形成半透明的冰晶，这又是另一种雹胚。

来，在地球上旅游

　　随后，雹胚像滚汤圆一样不停地滚动起来，而周围的水滴则不断黏附在雹胚上。同时，如果温度低，云滴较少，碰到雹胚上的过冷水滴会马上冻结；如果温度较高，云滴很多，过多的水滴来不及冻结，就会先形成一层水膜，再冻结为透明的冰层。

　　就这样，一个个具有透明与半透明冰层结构的冰雹形成了。不一会儿，大大小小的冰雹就会噼里啪啦地降落到地面上。

什么是人工消雹？

冰雹会给人类带来极大的危害，我们该怎么来阻拦冰雹降临人间呢？

想要消除冰雹，就要了解冰雹的形成，想办法识别冰雹云。

冰雹云是一种积雨云，要识别冰雹云，先要学会识别积雨云，这也是人工消雹首先要解决的前提。

那么，如何从积雨云中识别出冰雹云呢？

人们利用飞机、气象雷达和无线电探空等手段，对冰雹云和雷雨云的结构和演变进行了大量的观测分析，并研究了冰雹和雨滴在云中生长的条件和形成过程，从而对冰雹云的特征有了一定程度的认识。

同雷雨云相比，冰雹云具有发展更加旺盛、厚度更大、云中上升气流更强、水量更充沛、在0℃层以上常有过冷大云滴较集中的区域等特点。冰雹云的外观具有云底黑暗或呈黄色、翻滚强烈的特征；此外，在气象雷达回波上可见形成快、强度大和闪电频繁等特征。人工消雹的措施，大体分为两类：

第一，往云层中播撒成冰催化剂。冰雹云中含水量很大，而自然冰雹胚胎不是很多，但这些胚胎能充分地与过冷水滴合并而形成大冰雹。当人们播撒成冰催化剂以后，冰雹云中会产生大量的人工冰雹胚，它们和自然雹胚争夺水分，使云中水分分散到大量的雹胚上，结果每一个雹胚都不能得到充分的水量，不会形成对农作物有损害的大冰雹。

第二，利用高空爆炸法消雹。利用高射炮、火箭或土炮等，向云层的中部和下部大量集中轰击。有人认为，爆炸能在一定条件下影响云中的垂直气流，破坏或改变冰雹云的自然发展过程；也有人认为，爆炸能引起过冷水滴的冻结，从而产生大量的人工冰雹胚，限制各个冰雹形成。当然，这里面的道理还没有完全被搞清楚。

悄悄告诉你

雷电是从哪里来的？

"啪啦！"一道强烈的闪光出现，并伴随着巨大的轰隆声，这就是我们所熟悉的雷电。雷电大多发生在夏季，在春季及秋季也可能出现。那么，雷电是从哪里来的呢？

原来，雷电是雷云（带电的云层）对地面建筑物及大地的自然放电引起的。在闷热潮湿的环境中，地面上的水受热变为水蒸气，并随着地面的受热空气上升。水滴与源源不断的热空气相遇，水滴膨胀并互相摩擦碰撞。当摩擦达到一定程度后，就会产生正电和负电，正负电互相吸引，于是云里就会产生电并发出强烈的亮光——闪电！

闪电的温度很高，从 17 000 ～ 28 000℃不等，约等于太阳表面温度的 3 ～ 5 倍。当高温的闪电在空中划过之后，空气被急剧加热膨胀。空气迅速移动，因此形成波浪并发出声音。当人们距离闪电近时，听到的就是尖锐的爆裂声；如果距离闪电远，听到的则是隆隆声。

雷电是正常的自然现象，而且人们往往先看到闪电后听到雷声，这是怎么回事呀？原来，我们看到的闪电，它是以光速传播的，光的速度是 3.8 亿米每秒；而我们听到的雷声则是以音速传播的，声音在空气中的传播速度是 340 米每秒。所以，我们一般是先看到闪电，然后再听到雷声。

科学原来如此

拍拍脑袋想一想

打雷为什么大都会发生在夏季？

不知道你注意到没有——打雷大都发生在夏天，秋天或春天比较少，而冬天一般不发生。这是怎么回事呢？

这是因为只有当天空中出现积雨云时，才有可能打雷，而积雨云一般只在夏天形成。夏天阳光强烈，地面的温度高，空气中水蒸气的含量也很丰富，饱含水蒸气的热空气不断上升，形成云朵。这些云从无到有，从小到大，从看似馒头一般的淡积云，发展到大山似的浓积云，再继续发展壮大，最终形成几十千米厚的积雨云。

从表面看，积雨云比较平静，内部实际上有着剧烈的运动，上升的气流迅猛向上冲刺，下沉的气流也猛力向下俯冲，云里的水滴和冰晶互相猛烈地碰撞。空气急剧的运动、水滴与冰晶间的摩擦，使积雨云带有大量的电荷，正负电荷的放电过程就会形成闪电。闪电形成后，随即产生雷声。

南方的夏季很长，所以雷雨天气所持续的时间也比北方长。

悄悄告诉你

雷雨云怎么是黑色的？

普通的云彩大都是白色的，而每当碰到雷雨天气时，云彩却是黑色的。这是怎么回事呢？

原来，普通的云彩都是由水滴组成的，只是这些水滴很小，水滴之间的距离比较大，有足够的空隙让大量的光线畅通穿过。这样，我们可以看到光，就会觉得看到的云彩是白色的，同时我们似乎也没有感受到小水滴的存在。

雷雨出现前，首先要形成雷雨云，雷雨云的形成需要一个过程。一般认为，雷雨云是有利的大气和大地条件共同作用的结果。地面强大而潮湿的热气流不断上升，进入稀薄的大气层后，因温度较低而发生冷凝。强烈的上升气流穿过云层，水滴被撞击带上电。轻微的小水滴带负电，被风吹得较高，形成大块带负电的雷雨云，在天空中飘荡；冷凝成的大水滴带正电，凝聚成雨下降或悬浮在云中，形成一些局部带正电的区域。

如此一来，组成雷雨云的水滴要比以前的水滴大很多，空隙也比较小，太阳光无法穿过水滴之间的空隙，即雷雨云不能透过光线，所以我们看到的雷雨云是黑色的。

雷雨云是一大团翻腾、波动的水、冰晶和空气。当云团里的冰晶在强烈气流中上下翻滚时，水分会在冰晶的表面凝结成一层层冰，形成冰雹。

科学原来如此

遇到雷雨天气时应该怎么办？

在雷雨天，大家不能在外逗留，尤其是不能站在高处。如果一时半会儿没办法离开高处，那我们可以在身上披上塑料布等绝缘材料，然后坐在地上，弯腰低头，抱膝抵胸，四肢并拢，手不能触地，以防传导电流。或者，索性躺在地上。

假如身处空旷的地方，我们应该马上趴在地上，以减少雷击的危险。假如靠近树木、楼房等高大的物体，我们应迅速走开，然后伏在地上。

在雷雨天里，我们不能手握金属物品，远离金属建筑和金属栅栏，以防发生雷击。

悄悄告诉你

什么是人工消雷？

面对雷电的淫威，人们常想如果能让"雷公"和"雷母"听话，消除雷电该有多好呀？于是，科学家们研究出了各种各样的避雷器。但其有一定的局限性，不能处处安装避雷器，而且有时安装避雷器也不安全。

这可怎么办呀？

科学家们想到了人工消雨、人工消雹，于是有了人工消雷的设想。想要人工消雷，关键是要对雷电作出预报。目前，我们已能做到实时监测雷电天气，利用雷达、气象卫星、闪电定位仪、网络以及其他仪器，综合这些观测资料建立起闪电发生前后的参数变化报告模型，就可全天候捕捉到雷电的信息。

如今，在科技人员的辛勤努力下，"人工消雷"已经取得了一定的成果。

人工消雷的方法之一，是向雷雨云中播撒冻结核。大量的探测表明，当云中水滴、冰晶、冰晶团三者同时存在时，才会产生带电粒子，形成较强的电场。这时，如果向雷雨云中播撒碘化银或碘化铅冻结核，使云中水滴在冻结核上冻结形成冰晶，从而使云中带电粒子减少，雷电也就不容易发生了。

人工消雷的方法之二,是向雷雨云中播撒金属丝或镀金属的尼龙丝。金属丝在雷雨云内的强电场中,可以产生电晕放电现象,使雷雨云中电荷散布到广阔的空间,从而减弱空间电场强度,避免雷电发生。

人工消雷方法之三,是有意识地主动触发雷雨云中的雷电。当雷雨云中的电场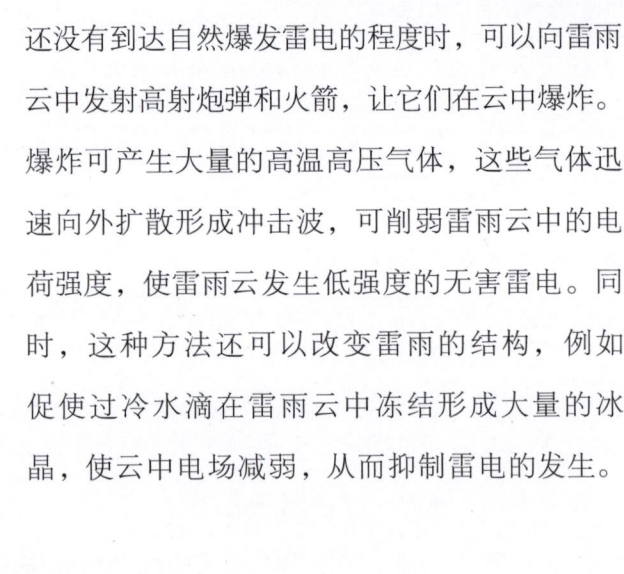还没有到达自然爆发雷电的程度时,可以向雷雨云中发射高射炮弹和火箭,让它们在云中爆炸。爆炸可产生大量的高温高压气体,这些气体迅速向外扩散形成冲击波,可削弱雷雨云中的电荷强度,使雷雨云发生低强度的无害雷电。同时,这种方法还可以改变雷雨的结构,例如促使过冷水滴在雷雨云中冻结形成大量的冰晶,使云中电场减弱,从而抑制雷电的发生。

人工消雷方法之四，是用驱电剂"降雷"。科学家采用独特的绝缘材料——盐酸和氢氟酸，在雷雨云中多次试验，取得了较好的效果。在1吨水中放入1毫克盐酸或氢氟酸，就完全可以完成驱雷的任务。一些国家正在设计用专门的火箭把驱电剂发射到雷雨云中去，以"平息"雷电的"暴乱"。

人工消雷的方法之五，是引雷入地。这是比较有效的人工消雷的方法。人们在引雷火箭的尾部放一根细钢丝，钢丝一端埋在大地中，当火箭拖着很长的钢丝发射到高空时，便可从天幕上看见一道长2～2.5米的橘红色闪电，如同一把闪光的利剑竖在天地之间，雷电的电流顺着钢丝直贯而下。整个过程只需3秒，就能把桀骜不驯的惊雷"引"入地下。

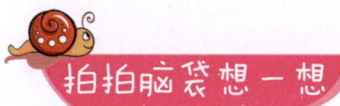拍拍脑袋想一想

为什么下雪不冷化雪冷？

你或许有这样的体会，冬天里大雪纷飞的时候，没有感觉到天气有多冷，但在雪化时却感到寒冷无比。这是怎么回事呢？

冬季里，因气候的关系，北方的冷空气往南跑。当下雪的时候，我们会处在温暖而潮湿的空气里，而水汽凝结为雪花也要释放出一定的热量，这就使得下雪前或下雪时天气并不是很冷；等到雪停以后，冷空气一到，空气里的温度会下降许多，所以会感到冷。还有，当降雪结束，天气转晴，高空的空气会转为偏北风，地面受冷气团的控制，气温显然要下降；在积雪融化时，雪本身要吸收大量热量。因此，化雪时比下雪时冷得多。

悄悄告诉你

什么是人工降雪？

人类不仅能人工造雨，而且还可以人工造雪呢。这是怎么回事呢？在回答这个问题之前，我们必须先了解雪是如何形成的。

雪是由云里的小水珠凝结而成的。在冷云里，不仅有许多小水珠，而且还有许多小冰晶。在同样的条件下，小水珠比小冰晶容易蒸发。这样，小水珠蒸发所产生的水蒸气便在小冰晶上凝结。小水珠不断变"瘦"，而小冰晶不断变"胖"。小冰晶越来越"胖"，长大成为雪花。许多雪花再相互粘在一起，就变成了雪片。

所以说，天上的水汽要变成雪降下来，必须具备三个条件：一是必须有一定的水蒸气；二是低温环境；三是必须有凝结核。

因此，想要成功实行人工降雪，首先天空里必须有云，否则就成了"巧妇难为无米之炊"——没有造雪的原材料，哪儿来的雪呢？能下雪的云叫"冷云"，温度在0℃以下。在冷云里，既有水汽凝结成的小水滴，也有水汽凝华成的小雪晶，但它们都很小、很轻，倘若不继续生长，它们就只能像烟雾尘埃一样悬浮在空中，很难落下来。

冬天里，我们经常能看到大块的云彩，却不见雪花飘下来，就是因为这些云彩组成的雪晶太小了，克服不了空气的浮力，无法往下落。如果我们在云层里喷洒一些微粒物质，促进雪晶迅速增长到足够克服空气浮力的大小，它们便能快速降落下来。这就是人工降雪的初衷。

喷洒什么物质能够促使雪晶快速增长呢？

在很长的一段时间里，人们通过多种试验，不断探索人工降雪的方法，但结果都不理想。直到1946年，人们才发现，把很小的干冰微粒投入冷云里，能形成数以百万计的雪晶。当年11月3日，有人在飞机上把干冰碎粒撒到温度为 –20℃的高积云顶部，结果发现有雪从这块云层中降落下来。

干冰很像是被压结实的雪块，温度在 –78.5℃以下。把干冰晶体像天女散花似的喷洒在冷云里，每一颗晶体都成为一个制冷中心，促使冷云里的水汽、小水滴和小雪晶很快地集结在它的周围，凝结成较大的雪花降落下来。

现在，人们常用碘化银来进行人工降雪。碘化银是一种黄颜色的化学结晶体，平时作为照相材料里的感光剂使用。碘化银晶体与雪晶的六角形单体尺寸非常相似，它们单体里的原子排列也十分近似，就连晶格间距也都十分接近——碘化银是4.58埃，雪晶是4.52埃。因此，把碘化银微粒撒在降水能力较差的云层里，让它"冒名"顶替雪晶，便能让云中的水汽和小水滴在"冒牌货"的晶体上凝华结晶，变成雪花。

那么，怎样把这些凝结核散布到云层中呢？有人把化学药品装在炮弹里，然后用大炮把它发射到云层里去。不过，用这种方法播撒凝结核，化学药品无法喷洒均匀，浪费较大，增加了人工降雪的成本。

科学原来如此

一般来说，人工降雪比人工降雨更容易成功。人工降雨可以增加大约20%的雨量，而在高山高寒地区，人工降雪却能增加30%～40%的降水量。这是因为高山高寒地区温度低，水汽容易达到饱和状态，雪晶比雨滴更容易形成，只要人工给大气增加一些结晶核，就比较容易促进雪的形成。

在雪地上走路怎么会有"嘎吱嘎吱"的响声？

冬天里，当我们走在雪地上时，脚下就会发出"嘎吱嘎吱"的声音。这是怎么回事呢？

雪花飘飘荡荡落在地面上后，由于质量很轻，所以层层叠叠的雪花之间就会留下许多间隙；同时，雪花内部也并不是实心的，而是处于一种很蓬松的状态，有些里面还会有空泡。当人踏到雪地上时，积雪受到外力挤压，间隙就会变小，雪花与雪花之间有摩擦，发出声音。与此同时，雪花在收缩的时候，里面的气泡爆裂，也会发出声音。两种声音混合在一起，就会发出"嘎吱嘎吱"的响声。

由于雪花本身比较软，间隙比较多，所以被踩踏发出来的声音就比较低沉。如果是雪融化后冻实了，人再踩上去就没那种声音了。

来，在地球上旅游

雪为什么是白色的？

　　下大雪之后，大地就好像披上了一件白色的衣袍，到处都是白茫茫的一片。雪是白色的，这谁都知道。水是无色透明的，冰也是无色透明的，雪是由无数极小的冰晶组成的，为什么它却变成白色的了呢？

　　原来，空气非常寒冷时，云雾中的水分就会凝集到各种各样的微小的悬浮颗粒身边。不过，这种凝集过程非常缓慢，因此水分子不会快速聚集到一起，而是形成一些非常漂亮的、表面异常平滑的晶体。随后，在风的作用之下，这些晶体在空中互相碰撞，并最终形成了絮状的雪花。雪花是六角形的，它们聚在一起就出现了许多角和很多面，太阳照在上面，光线来回反射，就变成白色的了。

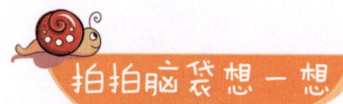

为什么下雪后会很静寂呀？

原来，刚下过的大雪是新鲜蓬松的，积雪的表层有许许多多的小气孔。当外界有声波时，声波会传入这些小气孔，小气孔中大部分的能量被吸收了，从而导致自然界大部分的声音能量被雪的表层吸收而大大减弱，所以会感觉万籁俱寂。而当雪被人踩过之后，情况就大不相同了，原来新鲜蓬松的雪就会被踏压结实，从而减少了对声波能量的吸收。所以自然界便又恢复了往日的喧嚣。

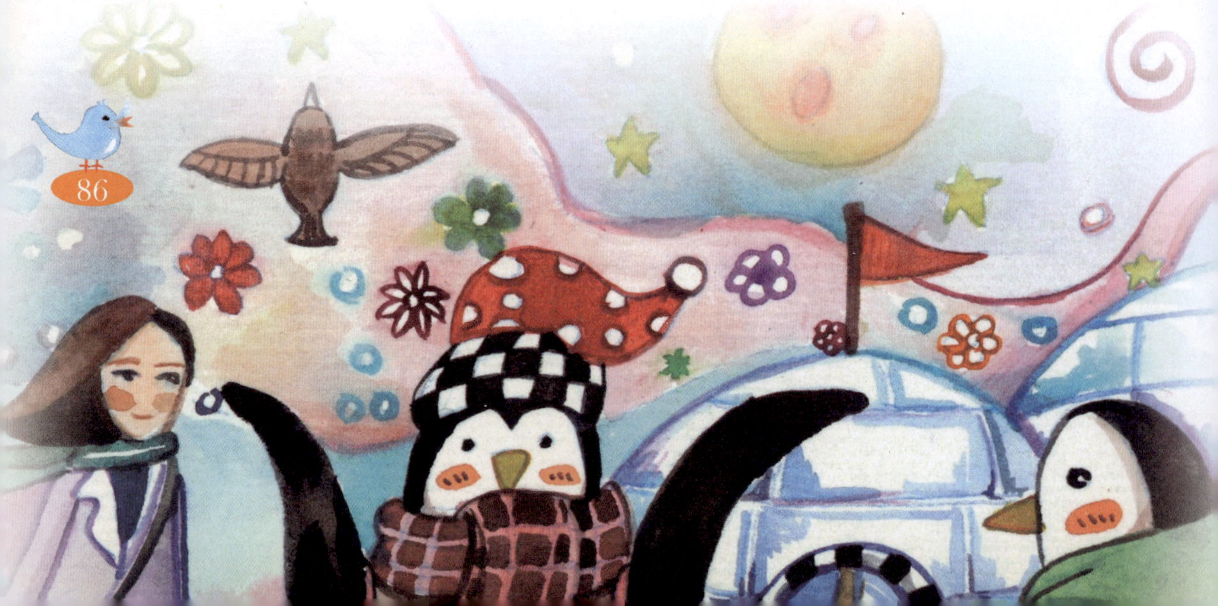

悄悄告诉你

为什么会发生雪崩？

有时候我们看电视或听新闻常会听到某地发生雪崩的事件。你可知道什么是雪崩吗？

雪崩，是积雪的大面积滑动造成的，它是一种危害性很大的自然灾害。造成雪崩的原因，主要是山坡积雪太厚太重，当积雪经过阳光的照射后，表层积雪因受热会逐渐融化，如果当地的温度比较高，融化的雪水渗入积雪与山坡之间，这里的积雪便会融化一部分，使积雪与地面的摩擦力减小；同时，积雪层在重力的作用下向下滑动。这些都可以引起雪崩。

坡度不大的山坡，例如坡度不到15°的山坡，积雪是比较稳定的，地球的引力无法把积雪拉走。而坡度超过50°的山坡，积雪往往容易发生雪崩。山坡上的积雪达到一定厚度时，雪崩更容易发生。春天气温升高时，积雪表面消融，融水渗到雪层内部，尤其是融化的雪水渗漏到积雪底部时，这水就像润滑剂一样，使雪层很容易滑动，从而引发雪崩。另外，地震、大风、大声喊叫、动物奔跑等震动积雪，都会导致积雪层下滑而造成雪崩。在风力比较大的山区，风也能使积雪发生雪崩。在山崤背风的地方，风能够将厚厚的积雪吹成悬空，上面会形成一个突出的雪檐。一旦雪檐的自身重量超过雪檐的抗断强度，雪檐便自行崩塌，这一崩塌就会引起下面的极大震动，从而引发下面山坡上积雪的塌落，导致雪崩。

科学原来如此

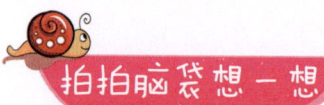

遇到雪崩时怎么办？

悄悄告诉你

到雪山去看向往了许久的雪景，本来是一件十分开心的事情。但是，假如你刚好遇到了雪崩，眼见厚厚的积雪滚滚而下，耳边传来了"隆隆"的响声，这时你该怎么办呢？

首先，千万不要惊慌，你应该朝雪崩发生方向的侧面跑。这个时候，不要再去管背包、雪橇、手杖或其他用不上的东西，保护好口、鼻以免进雪。

如果你不幸被雪压在其中，这时不能坐以待毙，而要奋力摆脱。休息时尽可能在身边挖一个大的洞穴，以便形成一个大的呼吸空间。你得抓紧时间，一定要在雪凝固之前快速露出雪面。此时你或许无法辨别方向，不用担心，你只要从口中慢慢流出唾液，注意观察唾液的流动方向，因为唾液正是朝着地面方向流动的。

保持体力，当听到有人走来时，要大声呼救。

霜花是怎么形成的？

冬天的早晨，一觉醒来，一眼就会看见玻璃窗上布满了各种各样奇形怪状的霜花。它们有的像茂密的树林，有的像飘浮在天空中的一片白云，有的像南方生长的热带椰子树，有的像连绵起伏的山峦，有的像玉色的珊瑚树，有的像波涛翻滚的大海，有的像突兀的山峰……好一派绚丽多姿的景象啊！或许你会问，这些漂亮的霜花是怎么形成的呢？

冬天，室内温度高，室外温度低，窗户上的玻璃受室外温度的影响，温度也比较低。当室内温度较高的水蒸气遇到温度为冰点以下的玻璃时，水蒸气就会遇冷凝结形成霜花。

霜花的形成需要两个条件：第一，室内有潮湿的空气；第二，玻璃窗户外的温度要在0℃以下。室内有潮湿的空气，这样，潮湿的空气遇冷就会凝结；玻璃窗户的温度要在0℃以下，否则水蒸气不能结冰。另外，窗户的玻璃不纯净也有利于水蒸气在低温的条件下凝结晶核，加速霜花的形成。

很多时候，人们并不喜欢霜花。那么，冬天该如何使玻璃少生霜花呢？其实很简单，我们可以把玻璃窗擦试干净后，试试把洗洁精搽到玻璃上，让它自然风干，这样窗户就可以持续较长的一段时间不会有霜花。

 为什么冬天的早晨地面上会有霜？

冬天的早晨起来，我们常能看到地面上、屋顶上、草丛上都铺着一层似雪的东西，这是"霜"。那么，冬天为什么会形成霜呢？

地面上的霜，等太阳出来后，就会融化成水。可见，霜和雪从组成成分上看差不多，都是水凝结成的。不过，霜和雪的形成方式却不同。雪是从天空中降落下来的，来自天上。霜却是水蒸气在地面上形成的。在秋、冬、春这三个季节，夜间地面的温度常常比较低，有时候会降到0℃以下，贴近地面层的空气所容纳水蒸气的能力大大降低，多余的水蒸气就会在地面、草叶、瓦片上凝华（不经过液态），从而形成霜。

 悄悄告诉你

不过，并不是所有的地面上都能看到霜。只要你仔细观察就会发现，在潮湿的地面、石头、水泥地等上面都没有霜。

这又是怎么回事呢？

原来，霜容易在导热性能不好的物体上形成，如在草叶、瓦片、木头上。那些潮湿的地面、石头、水泥地等导热性能好，地下的热量会源源不断地往上传递，使地面的温度不容易降到0℃以下，霜也就无法在这些地方形成了。

为什么天空是蓝色的？

天气晴朗时，我们仰望天空会时会发现，整个天空都是蓝色的。这是怎么回事呢？

我们知道，地球表面包围着一层厚厚的空气，即"大气层"。根据空气密度的不同，大气层可分为5层，约2 000～3 000千米厚。其中，绝大部分空气都集中在地面到15千米高空之间——越往高处，空气越稀薄。

大气层有多厚，蓝天就应该有多高。大家知道，太阳光是由红、橙、黄、绿、蓝、靛、紫七色光组成的。当太阳通过空气时，波长较长的红光、橙光、黄光能透过大气射向地面；而波长较短的紫色、蓝色、靛色光，很容易被悬浮在空气中的尘埃、冰晶、水滴等微粒阻拦，向四面八方散射开来，而蓝色光最容易从其他颜色中分离出来，扩散到空气中再反射出来，使天空呈现蔚蓝色。

大气层到底有多厚？

整个大气也有一定的厚度哦，它可以分成对流层、平流层、中间层、热层、电离层、磁力层等几层。

从地面到10~12千米以内的这一层空气，是大气层最下面的一层，我们把它叫做对流层。这里受地球的影响，有不少尘埃，云、雨、雪、雹等自然现象都发生在这一层。

在对流层的上面，上升到约50千米高的这一层，叫做平流层。这里空气稀薄得多，很少有天气现象了。在距离地面约25千米处是臭氧较为密集的区域。

从平流层以上到80千米这一层，有人叫它中间层。这一层的温度随着高度的升高而降低。

在80千米以上到500千米左右的这一层空间，叫做热层。这一层的温度很高，昼夜温差变化大。

从地面以上大约50千米开始，到大约1000千米高的这一层，叫做电离层。因受太阳的照射，气体分子被电离成带正电的正离子和自由电子。

在离地面500千米以上的叫外大气层，也叫磁力层，是大气的最外层，也没有什么明确的界限。这里空气十分稀薄，不能靠空气传播声音。

悄悄告诉你

美丽的彩虹是怎么形成的？

夏季一场阵雨过后，天空上往往会出现一道美丽的彩虹。这是怎么回事呢？

提到彩虹，我们不妨先从三棱镜说起。如果我们用三棱镜对着太阳光，太阳光经过三棱镜时会发生折射现象，把原来的白色光线分解为红、橙、黄、绿、蓝、靛、紫的七色光带。

夏天常常下阵雨,但雨的范围不大,往往这边下着大雨,那边阳光普照。此时,空中不仅充满无数个小小的能折射日光的水滴,还有充足的太阳光。当阳光经过水滴时,就好像透过三棱镜一样,不仅改变了前进的方向,同时光线被分解成红、橙、黄、绿、蓝、靛、紫等可见光。如果太阳光照射的角度合适,就会形成我们所见到的彩虹。

空气里的水滴越大,彩虹越鲜艳;水滴越小,彩虹的色彩越淡。彩虹的宽度,大约是地面上看到的太阳直径的5倍。

彩虹出现的时间大都是在早上和傍晚,这时候太阳比较接近地平线,照射的角度也就较小,容易形成折射。如果是在早上,太阳从东边升上来,那么彩虹就会在西边天空中出现;如果是在傍晚,太阳西沉下去,彩虹就会出现在东边天空中。

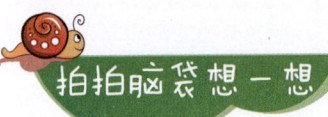

海市蜃楼是怎么回事?

说起来,海市蜃楼可是一件很有意思的事情。

在平静无风的海面航行或在海边瞭望,往往会看到空中映现出远方航行的船舶、郁郁葱葱的岛屿或城郭楼台的影像;在沙漠旅行的人有时也会突然发现,在遥远的沙漠里有一片湖水,湖畔树影摇曳。可是当一阵大风吹起,咦,这些景象突然消逝了。原来这是一种幻景,被称为海市蜃楼。

为什么会发生海市蜃楼呢?

原来,水的比热比较大,在阳光的照射下,海水的温度升高不多,接近海面的空气温度也不高,所以密度就大;而海面上空的空气温度容

易升高,相应的密度就小。从远处景物上射来的光线在经过密度相差很大的空气层时,会发生显著的光线折射或全发射而进入我们的眼帘,由于我们习惯认为光总是沿直线传播的,于是,看到了海面上原本什么也没有的"景物"。

旅人在沙漠行走时,也常常会看到前方不远处有绿洲、湖水,可当他欣喜异常地驱赶着骆驼,向绿洲、湖水奔去的时候,湖水却不见了。这是为什么呢?这也是大气层的一个玩笑,不过比较残酷,它们往往会把旅人带入一个完全陌生的环境,使得旅人在沙漠中迷失方向。

实际上,这也是一种海市蜃楼景象。

在烈日暴晒的沙漠里,沙漠的温度猛增,接近沙漠的空气温度升高,密度变小;而上空的温度相对较低,密度大。虽然大气中存在着密度大的空气向下、密度小的空气向上的相对运动,但这种运动并没有改变空气上下密度不均匀的状态,远处绿洲射来的光线经过密度显著不同的空气层时将发生明显的光线折射现象,从而使我们看到远处的绿洲出现在近处的地面上,让人产生错觉。

风来自哪里？

风似乎很神秘,有时微风习习,有时狂风大作。那么,大自然的风是怎么形成的呢?

原来,风的形成与地球的表面温度有关。地球表面各个地方接受到的太阳热量并不一样,一些地方接收的太阳热量多,空气就变暖膨胀,并向上运动;一些地方接收的太阳热量少,温度降低,空气要收缩。实际上,空气与水一样,总是由温度高处往温度低处流动。

就这样，空气的流动就形成风了。

风总是从高气压处吹向低气压处，气压差越大，风速越大。在我国，冬季北方近地层空气冷、密度大、气压高，所以冬季多吹偏北风。夏季相反，西太平洋和南海是副热带高气压，北方气压较低，所以夏季多吹偏南风。这种风向随季节规律而变化的风称为季风，我国就是一个典型的季风国家。

拍拍脑袋想一想

你知道风的等级是怎么划分的吗？

悄悄告诉你

在气象学上，按风力大小，一般将风划分为十二个等级。你知道这十二个等级吗？

风既有大小，又有方向，因此，风的预报包括风速和风向两项。风速的大小常用几级风来表示。风的级别是根据风对地面物体的影响程度而确定的。在气象学上，目前一般按风力大小划分为十二个等级。

0级风又叫无风。1级风又叫软风，烟示风向。2级风叫轻风，树叶微有声响，人面感觉有风。3级风又叫微风，可以看到旌旗展开。4级风叫和风，树的小枝摇动，能吹起地面灰尘和纸张。5级风又叫清风，可见小树摇摆。6级风叫强风，大树枝摇动，电线有呼呼声，撑雨伞行走有困难。7级风又叫劲风、疾风，步行困难。8级风叫大风，树的细枝可折断，人迎风行走阻力很大。9级风又叫烈风，可能小损房屋。10级风叫狂风，陆地少见，可拔起树木，建筑物损害较重。11级风又叫暴风，能造成巨大危害。12级以上的风叫飓风，摧毁力极大，陆地少见。

台风是怎么形成的？

在每年的台风季节里，你只要注意收听天气预报，就会经常听到有关台风的各种消息。还有一些国家或地区对影响本区的台风自行取名。为了避免名称混乱，有关国家和地区举行专门会议决定，凡是活跃在西北太平洋地区的台风（热带风暴），从2008年起一律使用亚太14个国家（地区）共同认可、具有亚太区域特色的一套新名称，以便于各国人民防台抗灾、加强国际区域合作。你或许会感到奇怪，为什么台风总发生在夏季呢，而台风又是怎么形成的呢？

台风都出现在热带。夏天，热带的气温较高，湿度较大，热空气逐渐上升。在气温较高的区域里，正好碰上大气受热膨胀，并发生扰动，大量的空气就会迅速上升，导致地面的气压降低，并形成一个很大的空气压力差，这时上升区域的外围空气源源不断流入上升区里。因地球自转的关系，使流入的空气像车轮一样转动起来，这就是产生台风的一个原因。当上升空气膨胀变冷后，其中的水汽冷却凝结成水滴，要放出热量，这些热量又助长了低层空气不断上升，使地面的气压降得更低，促使空气旋转得更加猛烈起来，于是就形成了台风。

在什么样的条件下会形成台风呢？台风产生的条件主要有两个：一是受太阳照射产生比较高的温度；二是空气中有充沛的水汽。台风的

形成要有足够广阔的热带洋面，这个洋面不仅要求海水表面温度要高于26.5℃，而且在60米深的一层海水里，水温都要超过这个数值。热带的海洋温度高，这个条件容易具备。海洋受阳光的照射，水会变成大量的水蒸气，让大气中的水汽十足。有了这些条件，台风就会发生。

台风具有季节性，一般发生在夏秋之间，最早发生在五月初，最迟发生在十一月。据统计，产生台风的海洋，主要有菲律宾以东的海洋、我国的南海、西印度群岛以及澳大利亚东海岸等地区，这些地方的海水温度比较高，也是南北两半球信风相遇的地方，因此，在一年中常有20多次台风发生。

拍拍脑袋想一想

刮台风时为什么总伴随着雨？

当台风登陆时，雨水也伴随而来。你知道这是怎么回事吗？

台风活动带来的降水现象，我们把它称为台风雨。台风不但带来大风，而且相伴着降水。台风中有上升气流形成的整个涡旋区，都有降水存在，但是上升运动最强的是云墙。原来，这里是由高耸的积雨云组成的围绕台风中心的同心圆状云带，云顶高度可达12千米以上，好似一堵很高的"大墙"，所以叫云墙。这个区域降水量最大。螺旋云带中降水量已经减少，有时也形成暴雨。如果低层水汽十分充沛，逆温层以下也可能产生一些层积云和积云，但垂直发展不盛，云隙较多，台风区内水汽充沛，气流上升强烈，往往能造成大量降水，降水属于阵发性，但

悄悄告诉你

是强度很大,主要发生在垂直云墙区以及内螺旋云带区,所以叫台风云眼区。这里气流下沉,一般没有降水。

台风登陆后,若维持时间较长,或由于地形作用,或与冷空气结合,都能产生大暴雨。我国东南沿海是台风登陆的主要地区,台风雨所占比重相当大。

台风往往会给人类带来极大的灾难,但有时候它却又能解除旱情,为人类生产贡献价值。因此,我们对台风的评价也应该一分为二。

为什么会发生龙卷风？

龙卷风是一种自然现象，是云层中雷暴的产儿。具体说来，龙卷风就是雷暴巨大能量中的一小部分在不大的区域内集中高度释放的一种形式。

龙卷风是一个猛烈旋转的空气漩涡。它的外形好像一只大漏斗，上端与云层相接，下端与地面或海面相连，就像是一根立在天地之间的擎天大柱。

龙卷风是雷雨云的"杰作"，雷雨云可维持数小时，直径可超过10千米。当雷暴雨来临时，雷雨云的上下温度相差很大，冷空气急速下降，湿热空气猛烈上升。强烈上升的气流穿过电子雨到达高空时，如果遇到很强的水平方向的风，这股上升气流就会向下旋转，形成许多小漩涡。这些小漩涡逐渐扩大，形成一个以160千米的时速沿水平方向高速旋转的空气柱，这个空气柱逐渐向下伸出，最终形成漏斗状的龙卷风。

龙卷风的风速究竟有多大？这个问题很难回答，因为龙卷风从"诞生"到"寿终正寝"时间很短，再加上作用面积很小，以致现有的探测仪器都派不上用场。而这主要是因为龙卷风的威力实在太大，现有的仪器完全招架不住它的摧残。

首先，龙卷风的风速太大，以至于找不到一种仪器能够测到它的最大强度而又能幸免于难。有人试图驾驶一辆装有仪器的坦克开进龙卷风的区域，结果也被打翻在地。目前，人们只能对风速进行推算，结果是：通常的风速是150米／秒，有时可达200～300米／秒。被誉为"超级氢弹"的12级台风与龙卷风相比，也只能算是"小巫见大巫"，龙卷风的风速要比它的速度大六七倍！

其次，龙卷风内部的气压很低，这使得在它肆虐的半径范围内会产生极大的气压差，从而造成车辆和船舶的爆炸。即使是三叶草、小树枝、小棍棒等不起眼的小玩意，一旦被置于龙卷风的圈子里，也会变成能量非凡的枪弹，不费吹灰之力就能把1厘米厚的钢板击穿！至于它破坏房屋、车船、钢轨、桥梁，更是小菜一碟。

相对来说，多普勒雷达是比较有效和常用的一种观测龙卷风的仪器。将多普勒雷达对准龙卷风发出的微波束，微波信号被龙卷风中的碎屑和雨点反射后重新被雷达接收。如果龙卷风远离雷达而去，反射回的微波信号频率将向低频方向移动；反之，反射回的信号则将向高频方向移动。这种现象被称为多普勒频移。接收到信号后，雷达操作人员就可以通过分析频移数据，计算出龙卷风的速度和移动方向。

龙卷风之所以能造成巨大的破坏，是因为它所带来的能量，可与核爆炸相提并论。

科学原来如此

拍脑袋想一想

如何躲避龙卷风？

龙卷风的破坏力极大，其所经之处，地面上的沙石、树林、庄稼、房屋、汽车、人和动物都会被它卷入其中，然后被带到另外一个地方。如果在你生活的地方突然出现了龙卷风，你该怎么做呢？

龙卷风袭来时，不是关闭门窗，而要一反常态地打开门窗，这样做的好处是使室内外的气压得到平衡，避免因出现房屋内外有极大的压力差，风力掀掉屋顶，吹倒墙壁。

在室内，人应该用双手及手臂保护好头部，面向墙壁蹲下。

在野外看到龙卷风临近时，应该迅速地向龙卷风相反的方向或侧向躲避。

龙卷风已到达眼前时，要马上在低洼处趴下，并闭上口、眼，用双手、双臂保护头部，防止被飞来物砸伤。

乘车时遇到龙卷风，要马上停车并下车躲避，切记不要留在车上，以防龙卷风把车掀倒，造成危害。

悄悄告诉你

我国冬季的西北风为什么寒冷？

我国的冬季，西北风呼呼地刮着，让我们感到十分寒冷。这是怎么回事？为什么我国冬季的西北风会令人感到特别冷呢？

冬季，我国的西北风是从亚洲内陆西伯利亚吹来的。西伯利亚是高纬度地区，冬季白天的时间很短，太阳只在中午的时候才能擦过南方的天空，不一会儿就下山了。所以，这个地区最冷，1月份的平均气温只有-48℃。从这样寒冷的地方吹来的风，能不冷吗？

西伯利亚的冷空气积蓄得很多，所以气压就越来越高。在西伯利亚高空气流的引导下，这里的冷空气频频南侵，力量越来越大，最终形成了很冷的北风，给我国冬季带来了同纬度地区不应有的寒冷。在黑龙江北部的大兴安岭地区，有一个边陲小镇——漠河镇，位居中国的最北端，素有"中国的北极村"之称。这里1月份的平均气温低到-30.9℃，7月份均温为18.4℃，最高可达36.3℃；冬季温度常在-40℃～-30℃之间，极端最低气温降到-52.3℃。

拍拍脑袋想一想

为什么我国冬季多西北风，夏季多东南风？

冬天北风呼呼，夏季南风习习。不同的季节，风向也不相同，这是怎么回事呢？

原来，这种有规律的季节性变化的风向叫季风。亚洲的东部和南部都是世界上季风现象最明显的地区之一。我国位于亚洲大陆的东南部，东南临广阔的太平洋，西接亚洲辽阔的大陆，季风十分明显。

海洋和陆地的热容量不同，海洋中的水热容量大，温度上升和下降都比较慢，而陆地则相反。

冬季时，海洋降温慢，陆地降温快，海洋温度相对于陆地来说较高，所以海洋上形成热低压，陆地上形成冷高压，海洋上空的空气就会往上升，导致这里的压力降低，四周的空气就会过来补充，于是，风就会从陆地向海洋吹来，再考虑到地球转动的惯性力的作用，便形成了西北风。这种风被称为冬季风。

夏季时，海洋升温慢，陆地升温快，海洋温度相对于陆地来说较低，所以海洋上形成冷高压，陆地上形成热低压，空气就会往上升，导致这里的气压相对较低，于是，风从海洋向陆地吹来，再考虑到地球转动的惯性力的作用，便形成了东南风。这种风被称为夏季风。

悄悄告诉你

一年四季是怎么形成的？

一年之中有春、夏、秋、冬四季。你知道这四季是怎么形成的吗？

在每年6月22日前后，地球转到距离太阳最远的地方，这一天对北半球来说，就是夏至。这时候北半球得到太阳的热量最多，白昼最长，气候也十分炎热，对于北半球来说，属于夏季，而南半球则正与之相反，处于寒冷的冬季。

夏至之后，地球继续在公转轨道上不停地运行，太阳的直射点便会随着地球的转动而南移。到了9月23日左右，太阳光就会直射赤道，这一天对于北半球来说，就是秋分。南半球和北半球得到的太阳热量基本是相等的，白天和黑夜平分。对于北半球来说，就是秋季，而南半球则是春季。

到12月22日左右，地球开始转到距离太阳近的地方，太阳便直射南半球。这一天对于北半球来说，就是冬至，北半球得到的热量最少，白天的时间最短，气候也十分寒冷，于是北半球开始进入冬季，而南半球则刚好进入夏季。

在 3 月 21 日左右，太阳再次直接射向赤道，这一天对于北半球来说，就是春分。这个时候，北半球是春季，南半球则是秋季。地球就这样以一年为周期绕太阳不停地运转，从而产生了一年之中的四季更替。

另外，地球上有热带、寒带和温带之分，热带地区只有雨季和旱季，而寒带地区一年四季都是冰天雪地，只有温带地区才有明显的春、夏、秋、冬四个季节。

为什么会夏天热冬天冷呢？

在一年四季中，我们会发现，夏天十分炎热，而冬天又十分寒冷，这是怎么回事呢？

其实，温带地区的夏热冬冷，主要是太阳照射地球的角度不同造成的。

在夏天，太阳的高度角大，太阳光几乎是直射大地，太阳能到达地球的能量密度很大，地球从太阳那里获得的热量就多，所以夏天热。

在冬天，太阳的高度角小了，太阳光是斜着照耀着大地，太阳能到达地球的能量密度变小了，地球从太阳那里获得的热量也少了，所以冬天冷。

悄悄告诉你

南极和北极哪儿冷？

南极和北极，哪个地方比较冷？

中国的北极考察站黄河站位于北纬79°，夏天人们会发现，考察站周围的海湾积雪全融化了，苔原植物生长茂盛，还有不少开花植物都会绽放花朵。北极绒鸭、北极燕鸥等海鸟都活跃起来。而与之对应的南极，考察站区的积雪常年不融化，温度很低，动植物种类稀少。

从温度来看，北极的年平均温度为－10℃左右，最低气温记录为－70℃；南极的年平均气温为－30℃～－25℃，最低记录为－90℃。

从上面的数据看，当然是南极最寒冷了。

南极是四周环海的大陆，海拔2 350米，是世界上最高的洲，南极大陆95％以上常年被冰雪覆盖。北极是四周被大陆包围的海，中间为北冰洋，全年只有夏冬两季，冬季无白昼，最低气温-40℃，全年平均气温在-4℃以下。

南极被称为世界"第七大陆"，陆地储热能力不及海洋，夏季获得的有限热量很快就会被辐射掉。南极所环绕的海流都属于寒流，因此这里气候酷寒难耐，冰也自然多了。由于南极地势高，空气稀薄不保暖，虽有几个月全是白昼，但太阳只是在地平线上盘旋，形成斜射，巨大的冰原像镜子一般能反射几乎全部的太阳光，所获得的热量极少，气温进

一步降低,造成终年酷寒。

北极地区陆地面积小,大部分为北冰洋,其冰层的厚度也不厚。由于海水的热容量大,能吸收较多的热量,所以北冰洋还有一个作用,那就是一个有效的"蓄热池",它能够在冬天的时候利用夏天储存的热能为北极加热,而且热量散发比较慢,所以北极地区的年平均气温比南极要高。

拍拍脑袋想一想

人类为什么要考察南极？

悄悄告诉你

南极是世界"最高大陆"，那里冰天雪地，风力很大，异常寒冷。所以，人们一谈起南极便心生畏惧，很难将它与人类的正常生活联系在一起。但是，人类为什么要千方百计去考察南极呢？

起初，人类刚刚揭开南极的神秘面纱，便惊喜地发现，往日被人们看做是"死亡之地"的南极，竟是一个极为富饶、充满生机的"万宝之地"。这里蕴藏着富甲全球的石油、天然气，隐藏着世界最大的煤矿、足以供人类使用200多年的露天"铁山"和其他200多种品位极高的矿藏。这里有极其丰富的生物资源，大到几十吨重的蓝鲸和巨大的象海豹，小到几厘米长的磷虾和各种贝类，其中磷虾有几十亿吨，足以满足人类摄取蛋白质的需要。这些极有吸引力的数据，如同巨大的磁铁吸引着人们前去探险。南极拥有丰富的生物资源和矿产资源，或许若干年后，南极洲将作为最后的矿藏基地被人类开发利用。

这里又是世界上唯一没有被污染的大陆，是研究天体和大气物理的理想场所和天然实验基地。尤其是保留在冰雪中的陨石，那可是南极奉献给人类的一份厚礼，对南极陨石的研究将有助于科学家探索星空的奥秘。

掌握揭开地球上无数科学奥秘的钥匙，是科学家的期盼。所以，南极是人类的"希望之洲"，也是各国激烈争夺的新领域。为了人类和平利用南极和中华民族子孙后代的重大利益，中国也走向了南极。

1984年11月20日，中国远洋科学考察船向阳红10号和海军"J121"号打捞救生船，带着祖国的重托，从上海港出发，首航南极。

1985年2月20日，中国长城南极考察站在乔治岛落成。从此，鲜红的五星红旗永远飘扬在南极大陆上空，改写了中国在南极洲无科学考察站的历史。

1985年中国被接纳为《南极条约》协商国，1986年又成为南极研究委员会的正式成员，确立了我国在南极科学考察中的国际地位。

为什么会发生地震？

地震就是地球表层的快速震动，和雨雪天气一样，地震也是一种自然现象。那么，为什么会发生地震呢？

在回答这个问题前，我们先来了解一下地球。地球可分为三层：中心是地核，地核外面一层是地幔，最外层是地壳。地震一般发生在地壳这一层。

地壳是厚度约为 20 千米的岩石层。由于受到各种力的作用，地壳中的岩石有的发生弯曲，有的发生断裂，岩石板块与板块之间就会产生碰撞或错动。这种力量有时非常巨大，可产生强大的震动波，当震动波传到地面时，就能够引起地壳震动，发生地震。

诱发地震的因素很多，如太阳和月亮的引力作用、火山喷发、流星影响、地下核试验、矿山开发、水库蓄水、油田注水等，都可能引起地震，不过主要因素还是地壳运动。

地震有强有弱，用来衡量地震本身强度的"尺子"叫震级。震级的大小与地震所释放出来的能量有关。当然，地震的能量越大，震级就越大；地震的能量越小，震级就越小。震级标准最先是由美国地震学家里克特提出来的，后来为了纪念他，人们又称震级为"里氏震级"。

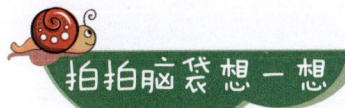

地震发生时怎么办？

破坏性强的地震，从人感觉震动到建筑物被破坏平均时间只有12秒。这12秒是逃生的关键。所以我们必须根据自己所处的位置，迅速作出逃生选择，化险为夷。

地震时，是跑，还是躲？我国多数专家认为：震时就近躲避，震后迅速撤离到安全地方，是应急避震较好的办法。

如果你在平房或底楼，可以马上跑到门外开阔地躲避。

如果身处高楼，不要试图跑出楼外，因为时间来不及。最安全、最有效的办法是，及时躲到两个承重墙之间最小的房间，如厕所、厨房等；也可以躲在桌子、柜子等家具下面以及房间内侧的墙角，并且注意保护好头部。千万不要去阳台和窗下躲避。千万不能乘电梯，如来得及最好要切断电源，马上关闭煤气，再躲起来。

如果正在上课时发生地震，不要惊慌失措，更不能在教室内乱跑或争抢外出。靠近门的同学可以迅速跑到门外，中间及后排的同学可以尽快躲到课桌下，用书包护住头部，扶住课桌，不能让课桌倒下；靠墙的同学要紧靠墙根，双手护住头部。

如果在公共场所遇到地震，不能惊慌乱跑；可以随机应变地躲到就近比较安全的地方，如桌柜下、舞台下、乐池里。

如果正在街上，绝对不能跑进建筑物中避险；也不要在高楼下、广告牌下、狭窄的胡同、桥头等危险地方停留；要及时跑到开阔的地方，以防建筑物倒塌压伤。

如果地震后被埋在建筑物中，应先设法清除压在腹部以上的物体，用毛巾，或衣服捂住口鼻，防止烟尘窒息；要注意保存体力，设法找到食品和水，创造生存条件，等待救援。

地震可以预报吗？

提起地震，人们往往"谈虎色变"，每当地震后人们便想，如果能事先获得地震的消息，伤亡和损失或许就不会那么严重了。那么地震可以预报吗？

面对地震这种自然现象，人类还没有办法阻止，但也不甘心坐等灾难的到来，而是利用各种手段尽力做一些预报工作，做到有所准备，最大限度减少人身的伤亡和财物的损失。

多地震国家是非常重视地震预报的。我国是多地震国家，是地震记录最早的国家，对地震预报的研究有着久远的历史，早在公元132年，张衡便发明了世界上第一台地震仪——候风地动仪，准确测出了地震所在的方向。

人们根据多年地震发生之前出现的现象，比如地温、潜水面、地声、地电、地磁异常，以及民间观测到的一些生物的反常现象等等作为地震的征兆。

简单说来，在震前的一段时间内，震区附近总会出现一些异常变化，如地下水的突然升、降或变味、发浑、发响、冒泡，天气骤冷、骤热，出现大旱、大涝，电磁场的变化，临震前动物、植物的异常

反应等。根据这些反应进行综合分析，再加上专业部门利用仪器观测的数据进行处理分析，可以对地震的时间、地点和震级进行预报。

例如，1975年，我国成功预报了2月4日发生于辽宁海城的7.3级强烈地震，并在震前果断地采取了预防措施，使这次地震的伤亡和损失大大减少。这也是成功预报地震的案例。

由于地震发生在很深的地下，再加上地震成因的复杂性和地震的突然性，很多情况不能像气象观测那样被直接观察到，只能够靠经验和间接的推测。因此，就世界范围来说，地震预报仍是人类尚未解决的重大科学难题。现在世界上还没有一个可靠途径和手段能准确地预报所有破坏性地震，为此，各国地震工作者和专家都在努力探索地震的奥秘。

拍拍脑袋想一想

动物能够预报地震吗？

许多动物的感觉器官都有特殊的感觉功能，对某些环境的微小变化非常敏感。大家都知道，狗和猫的鼻子、耳朵特别灵敏，对微小的特殊气味和声音都很敏感；鱼类有耳石和侧线，对水流的压力变化和水中的振动较敏感；鸟类的腿部和翅膀上有许多能感知振动的结构，就连十分微弱的振动也能够感觉到。因此动物在地震前会有反常现象，因此人们可以利用动物的反常行为来预报地震。在动物预报地震方面，我们也有成功的事例。

例如，1975年2月4日海城、营口发生的7.3级地震前一个半月，就有冬眠的蛇出洞；许多鹅惊慌失措，乱叫不进窝，有的还飞起来。震前一两天猪不吃食，用力爬墙、拱门，小猪互相乱咬，十几头小猪的尾巴都被咬掉。一只黑母鸡就在2月4日地震时飞上了树。一条雌马甲鱼在震前20分钟突然翻腾，跃出水面。鹿场的一群梅花鹿突然乱跑乱窜，有的前腿被挤成骨折……综合这些反常现象，我国研究人员经过仔细数据分析，成功预报了这次地震。

最后，我们一起来欣赏一首预报地震的歌谣吧——

悄悄告诉你

震前动物有预兆，群测群防很重要。
牛羊骡马不进圈，猪不吃食狗乱咬。
鸭不下水岸上闹，鸡飞上树高声叫。
冰天雪地蛇出洞，大猫衔着小猫逃。
兔子竖耳蹦又撞，鱼跃水面惶惶逃。
蜜蜂群迁闹轰轰，鸽子惊飞不回巢。
家家户户都观察，综合异常作预报。

沙漠是怎么形成的?

提起沙漠,大家一定马上就联想到一眼望不到边的沙子。沙漠的确是沙子的世界,那么沙漠是怎么形成的呢?

沙漠形成的原因是多方面的。

首先,干旱的气候条件是形成大范围沙漠的重要前提。在异常干旱的地区,大风刮来时就会带起大量泥沙。这些泥沙被带到很远的地方,遇到障碍后纷纷落下,覆盖在土地表面,形成一个个大小不一的沙丘,这就是沙漠。

其次,沙漠形成的主要因素是风。狂风一起,地面的泥沙就会被卷起,大片落下就形成了沙漠。

最后,沙漠的形成也离不开人为因素的影响。人类的乱砍滥伐,过度放牧和盲目开垦土地破坏了生态平衡;局部的战争毁坏了干旱地区的水利设施,这一切都会导致沙漠化。

据统计,世界上每年因沙漠化而丧失的耕地面积达5万～7万平方千米。

全球陆地有1/3的面积是沙漠,主要分布于北非、西南亚、中亚和澳大利亚地区。

中国沙漠化问题比较严重,而且有扩展的态势。

你知道沙漠化的危害吗?

土地沙漠化的问题是很严重的。许多地方因沙漠化趋势导致土地退化,土壤结构破坏,土壤养分大量流失。沙漠化造成河流、水库、水渠堵塞,甚至在一些地区造成交通设施的损毁。沙漠化使生态平衡遭到严重破坏,自然环境趋于恶化,生物多样性受到破坏,降低本地区可持续发展的能力。沙漠化还能造成空气微小颗粒物的污染。

根据联合国公布的资料,目前全球有110多个国家、10亿多人受到沙漠化威胁,其中1.35亿人面临流离失所的危险。联合国的资料还表明,气候变暖导致占全球41%的干旱地区土地不断沙化,全球沙漠面积正在逐渐扩大。目前干旱地区中有10%～20%的土地已无法耕种,丧失了经济价值。沙漠化已经威胁到人类的生存了。

悄悄告诉你

为什么会发生沙尘暴？

我们看电视，听新闻，经常听到某地发生沙尘暴天气。那么，什么是沙尘暴呢？

沙尘暴又叫黑风暴，是发生在沙漠地区的自然现象。沙尘暴是指强风将地面尘沙吹起，使空气很浑浊，水平能见度小于1000米的天气现象。沙漠地区有大量的流沙，为沙尘暴提供了沙源。近百年来，由于人们大肆砍伐森林，开荒种田，过度放牧，使植被遭到严重破坏，大片的自然植被消失了，土地裸露，风蚀加速，导致沙尘暴频频发生以及沙尘暴范围的扩大，严重影响着周边城镇人们的生活。

面对沙尘暴的肆虐，或许你会感到奇怪，沙尘暴是怎么形成的呢？

简单说来，形成沙尘暴一般要具备三个要素：即强风、沙源和不稳定的空气。

第一，这里的强风，是指足够强劲而持久的大风，是形成沙尘暴的动力条件。观测资料表明，当形成强沙尘暴天气时，如果风速每秒达到30米，也就是相当于11级的大风，那么粗沙，即直径达到0.5～1.0毫米的沙子，就会飞离地面几十厘米；细沙，即直径在0.125～0.25毫米的沙子，会飞起2米高；粉沙，即直径在0.05～0.005毫米的沙子，可飞达1.5千米的高度；粘粒，即直径小于0.005毫米的沙子，则可飞

到更高的高度。风吹沙起，风的威力越大，吹起的沙粒越大，也吹得越高，吹得越远，对人类的危害也越大。

第二，沙尘暴离不开沙源。我国是世界上沙漠较多的国家之一，西北、华北和东北地区是我国沙漠和沙地集中分布的地方，沙漠和沙地面积总计达70万平方千米以上，沙漠中有各式各样的沙丘。沙尘暴发生时，这些沙丘会为沙尘暴的发生提供大量的沙源。

当然，除了沙漠和沙地外，我国北方地区多属于干旱和半干旱地区，地面多为稀疏草地和旱作物耕地，植被稀少，加上人为破坏，当春季地面回暖解冻，地表裸露，狂风劲吹时，沙尘弥漫，在本地及狂风经过的地带会形成沙尘天气。

第三，沙尘暴的形成也离不开"不稳定的空气"。在自然界里，如果低层空气温度较低，也比较稳定，受风吹动的沙尘便不会被卷扬得很高。如果低层空气温度高，则不稳定，空气受热容易向上移动，风吹动后沙尘将会卷得很高，形成沙尘暴。实际上，我国发生的沙尘暴一般在午后至傍晚时刻最强，就是因为这是一天中空气最不稳定的时段。

沙尘暴的危害不可小瞧。科学家做过推算，在一块草场上，刮走18厘米厚的表土，约需要2000多年的时间才能恢复；如在玉米耕作地上刮走同样数量的表土，则需要49年才能恢复；而在裸露地，刮走同样数量的表土则需要18年时间才能恢复。

从世界各沙暴区的起因和发展来看，人为破坏环境是沙尘暴发生的最重要的原因，它占到所有起因的90%。因此，只有保护好植被，大力植树植草，防止土地沙漠化，才能减少沙尘暴带来的灾害。

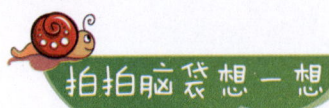

拍拍脑袋想一想

如何防止沙尘暴的发生？

沙尘暴是一种风与沙相互"联姻"，拥有巨大破坏力的灾害性天气现象。我们应该如何防止沙尘暴在我们身边发生呢？

只有尊重自然规律，保护生态平衡环境，才能尽快地防止沙尘暴带给我们的灾害。具体来说，我们可以从下面几个方面入手，来防止沙尘暴的袭击。

一、植树造林、建立生态屏障。

在每个城市的周围大力植树造林，还可以根据当地的气候特点，选择适宜的植物种植，建立生态屏障，有效地防止沙尘暴的入侵。

二、退耕还林、还草，恢复原有的自然生态。

自然界的每种生物都是经过长期的进化才适应了现在的生活环境的，都是"地球村"的公民，它们在自然界中的作用是不可替代的。我们人类不能随意改变生态环境，要让已经被破坏的自然生态环境尽快得到恢复。

三、在沙漠地带建立防治沙尘暴的生态屏障。

沙漠生态系统中的各种生物，都有独特的适应能力，是防御沙尘暴的有效屏障，我们应该探索规律，在沙漠地带建立防治沙尘暴的沙漠生态系统。

防止沙尘暴的发生，要从自我做起。每个人都有义务加入到保护环境的行列中，植树造林、大力植草、不乱砍乱伐、不随便采集草原上的固沙植物、不随意打猎等，维护大自然的生态平衡，这样才能有效防止沙尘暴的发生。

沙漠中为什么会有绿洲？

在干旱少雨的大沙漠里，有时可以找到水草丛生、绿树成荫，一派生机勃勃的绿洲。这绿洲是怎样形成的呢？

原来，沙漠中的绿洲大多紧靠高山，高山上则是一片冰雪世界。每当夏日来临，高山冰雪融化时，融化的雪水便会汇成一条条河流。河水流经沙漠时，便渗入沙子里，变成地下水。这些地下水沿着不能透水的岩层流至沙漠低洼地带后，随即涌出地面。同时，雨水渗入地下后，也可能与地下水汇合流到沙漠的低洼地带。又或者，由于地壳变动，岩层发生断裂，使得地下水沿着裂缝流至低洼的沙漠地带冲出地面。

总之，低洼地带有了水，这里的水既可供人畜饮用，又可以滋润植物茁壮成长，给沙漠带来了勃勃生机，形成了一个个绿洲。

可见，有水才有生命。只要有水，想在沙漠中人为建成绿洲也是可能的。当然，要付出很大的努力。想要人为建造绿洲，首先要固沙，然后才能治沙。我们可以先在沙漠中种下一些特定的适合在沙漠中成长的树木，待其形成防风林带后，再种植耐旱植物，逐步绿化。

科学原来如此

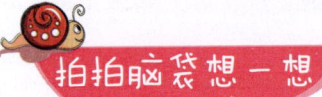

沙漠为什么会有不同的颜色？

许多人都以为沙漠都是黄色的。可实际上，除了黄色之外，沙漠还有其他各种颜色。这是怎么回事呢？

原来，沙漠里的沙是由岩石风化而来的。因为岩石里含有颜色各异的多种矿物质，所以造成了沙漠有各种颜色。当然，一个沙漠地带的颜色应该是相同的，都是由局部的岩石风化而来的。世界各地的岩石不一样，也就导致了世界各地沙漠的颜色也不一样。如果岩石里含有铁，铁被氧化成红色，则沙漠就是红色的；如果岩石里含石膏质，石膏晶体被风化后呈白色，则沙漠就是白色的；如果沙子由黑色岩后风化而成，那么沙漠就会是黑色的。所以，沙漠同土壤一样，也会有不同的颜色哦。

悄悄告诉你

沙漠里的沙子热得能够烤熟鸡蛋吗？

沙漠里很热，这是大家都知道的常识。那沙漠到底有多热呢？沙漠中沙子的热度是不是足以烤熟鸡蛋呢？

事实上，沙漠里沙子的确能够烤熟鸡蛋。

沙漠地区的气候十分干燥，经常刮大风，但很少下雨，有些地区竟连续多年不下一滴雨。有的时候，沙漠上空浓云滚滚，好像大雨就要来到，可是没等雨水落到干燥的地面上，就被炙热的大气蒸发掉了，这就是所谓的"干雨"。干燥的气候使得沙漠地区的植物非常稀少，四处是沙丘，满眼是飞沙。白天烈日当空，将沙漠晒得滚烫，沙把热传给附近的空气，空气被烤得温度很高。难怪，在这里人们从不流汗，因为连渗出皮肤的汗水也会马上被蒸发掉。

既然沙漠温度高，有人就想是不是可以让沙漠中的沙子来烤熟鸡蛋呢？事实上，还真有人在沙漠上用沙子烤过鸡蛋呢。

据报道，在新疆吐鲁番地区作家协会组织的一个活动中，一位作家和一个小男孩就在吐鲁番库木塔格沙漠里埋下了三枚从冰箱里取出的鸡

蛋，大约两个半小时后，埋进沙漠里的鸡蛋竟然真的被"烤"熟了。当时，当地的最高气温是 43℃，埋鸡蛋的沙子的温度则高达 70℃。

吐鲁番有"火洲"之称，夏天十分炎热，曾有过 49.6℃度的最高温记载，而中午时的地表温度最高可达到 80℃上，当地有"沙里煮鸡蛋，墙上烙大饼"的说法。

沙漠一般情况是白天温度高，夜间温度低，而且温差还比较大。

例如，一般沙漠在夏季白天的平均温度大都在30℃～35℃，但夜间最低温度一般在7℃～12℃，也有出现薄霜的时候。由此我们不难看出，沙漠里的昼夜温差真的很大。

沙漠里为什么会产生昼夜温差很大的现象呢？

因为沙漠干旱缺水，而且沙漠的主要组成材料——沙石的比热又比水的比热要低得多，这就意味着在同样的日照下，沙石吸收热量的速度比富含水的区域要快得多，温度就会升高得快。与此相反，在夜晚，没有日照了，沙石热量又会迅速消散，温度就会迅速下降。加上沙漠区域又没有什么植物，热量散发得很快，气温也就下降得快。这就是沙漠区域昼夜温差很大的原因。

有的沙丘为什么会唱歌？

看到这个问题时，你一定会很好奇：沙丘怎么会唱歌呢？是的，沙漠确实会"唱歌"。而且其歌声很特别，有的像是拨弄琴弦发出的声音，有的则像飞机低空盘旋飞行时发出的轰鸣声。全世界各地会唱歌的沙丘很多，大约有100多处。那么，沙丘"唱歌"的原理是什么呢？

沙丘唱歌一般发生在高而陡、向阳的月牙形的背风坡上。干燥坚

硬的沙子经过太阳的暴晒而受热膨胀，沙子中的空气就会不断地进进出出，在外力推动下，沙子产生摩擦，就会发出声音。沙子是一种石英晶体，对压力很敏感，当它受到挤压时，就会产生电荷，发出新的振动。在这种连锁反应的推动下，声音就会越变越大了，也就出现了沙丘唱歌的现象。

　　人们研究发现，在会唱歌的沙丘的背风坡脚下，往往会有地下水分布。由于沙漠里气候干燥，水分蒸发快，便在地下形成了一堵无法看见的蒸汽墙，或出现一层冷气流。而在高大的月牙形背风坡向阳的山脊线上，却是一个热气层，它们一起组成了一个"共鸣箱"。当沙丘被风吹动，或被人畜搅动后，就会发出各种不同频率的声音，如果有种频率能在"共鸣箱"引起共鸣，就会使沙丘的歌声放大，声音被蒸汽墙反射回来，音量相互叠加，顿时变成歌声，而且声音很大，让人觉得十分神奇。

火山怎么会喷发？

你见过火山喷发的视频吗？火山怎么会喷发？

火山喷发，是岩浆剧烈冲出地面的现象。在平日里，岩浆被地壳紧紧包裹着。不过，地球内部的温度很高，高温的岩浆始终不能安静下来，在地壳内横冲直撞，总想冲出去。但是，地下的压力很大，岩浆要冲出去也不是件简单的事情。

地壳的结合并不是很均匀，有的结合得紧密，有的结合得脆弱。地壳结合得比较脆弱的部分，地下受到的压力比周围要轻一些，于是，这里岩浆中的气体和水就有可能部分分离出来，导致岩浆的活动力要比以前加强，当强到一定程度时，则会推动岩浆冲出地面。当岩浆冲出地面时，本来约束在岩浆中的气体和水蒸气因压力减少了许多，会迅速地分离出来，体积急剧膨胀，于是，火山爆发了。

岩浆冲出的通道畅通与否，直接关系到火山喷发的强弱。

如果岩浆十分黏稠，而火山通道狭窄，那么通道便极易被堵塞，这就需要地下的岩浆聚集非常大的能量才能把通道冲破；一旦冲开，伴随的就是一场威力极猛的大爆炸。有时候，一次火山喷发，可以产生几十亿立方米的火山碎屑物。假如岩浆的黏稠度小，所含气体也不多，通道比较畅通，喷发活动就会时常发生，但不会产生很大的爆炸力。

火山一般发生于那些地壳运动较为强烈又较为薄弱的地方。这样的地方在陆地上和海里都有分布。海底的地壳很薄,一般只有几千米,有些地方还有地壳的裂痕,所以在海洋底部分布着很多火山。

火山主要有三种类型,分别是活火山、休眠火山和死火山。在地质学中,我们把时常喷发的火山称为"活火山"。

一些火山在喷发之后,需要经过很长一段时间,在地下聚集起足够的岩浆后,才能再次喷发。在它暂时停止活动的时候,人们便称之为"休眠火山"。

还有些火山,因为形成时间很早,地下的岩浆已经冷凝固化,不再活动;或是虽然地下还有岩浆存在,但因为那里地壳厚实坚硬,其中裂缝几乎都被以前挤入的岩浆凝结堵塞住,失去了喷发通道。地质学上把这些已失去了活动能力的火山叫做"死火山"。

火山喷发会给人类带来什么灾害?

火山喷发,往往给人类带来沉重的灾难。

地球上几乎每年都有不同规模和程度的火山喷发,给人类的活动和生存带来了很大的危害。火山喷发往往具有毁灭性的破坏力,不仅会造成人类财产的损失,更会危及人类及动植物的生命。

全球大约有1/4的人口生活在火山活动区的危险地带。据统计,在近400年的时间里,火山喷发已经夺去大约27万人的生命。因此,火山喷发被列为世界主要自然灾害之一。

火山喷发最突出的危害主要表现在下面几个方面:

首先,影响全球气候。火山爆发时喷出的大量火山灰和火山气体,会对气候造成极大的影响,当地的气候会长期受到影响,难以恢复到以前的状态。

其次,破坏环境。火山爆发喷出的大量火山灰和暴雨结合形成泥石流,可能会像洪水一样,冲毁道路、桥梁,淹没附近的乡村和城市,使周围的居民无家可归。

真有火焰山吗？

提到火焰山，大家或许会马上想到《西游记》中唐僧师徒西天取经时所经过的那座"火焰山"。师徒四人被熊熊燃烧着的火焰山挡住了西行之路，直到铁扇公主把芭蕉扇借给他们，唐僧师徒才熄灭了烈火，得以顺利西行。当然，这是神话故事，那现实中也有火焰山吗？

你恐怕会大吃一惊，因为现实中的确有火焰山。这座火焰山位于我国的新疆维吾尔族自治区，东西长100多千米，宽10千米，高为400～500米，犹如一条红色火龙横卧在吐鲁番盆地上。那么，现实中的火焰山能喷火吗？

答案是否定的。

火焰山是由红色的砂岩和页岩构成的，整座山看上去是红色的，山上寸草不生。每当盛夏季节，强烈的阳光照在光秃秃的山岭上，红光闪烁，热气逼人。远远望去，整座山像一团熊熊燃烧着的烈火，古人因此就称它为"火焰山"了。

那么，火焰山是怎么形成的呢？

大约1亿年前，当地堆积的沙石泥土经过高温氧化，含有了大量红色的氧化铁。喜马拉雅造山运动将这些岩石抬升成山，兀立在沉凹的盆地之中，构成现在火红色的火焰山。同时，自然环境的衬托使"火焰山"

之名更加深入人心。吐鲁番盆地高温炎热,是我国西部夏季著名的"火炉",焚风盛行,岩石风蚀严重,使得山石造型奇特,山上寸草不生,滴水不流,远远看去,还真让人以为这是一座火焰山呢。

火焰山堪称我国的"热极",它的炎热记载最早见于元代史料,当时朝廷在此设立了"火洲"。据统计,每年的6~8月,火焰山的平均最高气温都在38℃以上,超过40℃的酷热天气每年约35~40天。

那么,吐鲁番地区为什么会这么高热呢?

其实,这与吐鲁番特殊的地形有着密切的关系。吐鲁番盆地处在我国干旱的内地,低凹闭塞,远离海洋,日照强烈,难以得到水分的调节。

炽热的阳光几乎全部照射到土壤上面，完全用来增温，导致气温猛升。由于盆地的特殊地形，热空气受到了禁锢，不易扩散；附近的干风也起到了加温作用；再加上盆地内降水稀少，一般年份仅有10毫米左右。吐鲁番既接受了来自南缘沙漠热风的恩赐，又得到了北面天山上下来的焚风的施舍，还有盆地中火焰山的赤色的"摇动"，试想，能不像"火焰山"一样热吗？

在一望无际的灰白色戈壁沙滩的映衬下，火焰山分外醒目。盛夏晴空，灼人的阳光照射在火红的岩石上，红光闪耀，云焰缭绕，好似熊熊烈焰。人们远眺这赤峰秃岭，云雾蒸腾，火舌喷燃，场面甚是壮观。

为什么测量山的高度要以海平面为基准？

科技工作者在测量山的高度或海的深度时，都要以海平面为基准。例如，世界第一高峰珠穆朗玛峰的高度为8 848.13米，地球最深的海沟马里亚纳海沟深达11 034米——这些数据都是以海平面为基准而得出的。这种以海平面为基准而测量得出的高度，也叫做海拔高度。大家或许会问，为什么要以海平面作为测量标准呢？

常识告诉我们，比较任何事物时最好都能找一个参照物，否则得出的数据就没有说服力了。就像《小马过河》的故事中说的那样，不同的

动物对河水深浅的定义是不一样的。在测量山的高度或海洋的深度时，如果我们不订立一个标准，就会造成极大的混乱。例如，在测量一座大山的高度时，即使都从山脚开始测量，可有的人以这个点为基准，有的人以那个点为基准，得出的数据就会特别乱，别人该信哪一个呢？

再说，即使我们取一个固定的点，如以某地的山高为标准点来测量山高，问题也很多。例如，这个点可能因风吹日晒或风雨的剥蚀或地壳的变化而有所变化，从而失去了可靠性。

在否定了诸多参照点后，最后科技工作者将目光锁定在了"海平面"上。他们通过分析发现，全世界海平面的位置变化不大，又包围着所有的大陆和岛屿，所以在不同地方对同一目标进行测量所得到的结果相差不大，甚至可以说完全一样。这样，人们就自然统一起来，以"海平面"为测量高度的基准了。所以，用海平面作为零点来测量高度，是最为方便又有效的方法。

为了测量上的方便，各国都把海平面的位置固定下来作为零点。我国现在是以青岛的黄海平均海平面作为高度的起算零点，并在岸上用记号固定下来。根据以零点为标准的测量成果，就可以准确地把一个国家、一个大陆和全世界的地形图绘制出来。例如，珠穆朗玛峰高达8848.13米，就是说珠穆拉玛峰比青岛的黄海平均海平面高出8848.13米。

值得一提的是，除了测量高山用海平面作为基准外，测量所有陆地高度和海洋深度也都是用海平面作为基准的，如马里亚纳海沟深达11 034米，就是说它比海平面低了11 034米。

煤是怎么形成的？

煤是一种能够燃烧的黑色"石头"。那么，它是怎么形成的呢？

原来，煤是由古代植物的遗体变成的。

大约在3亿多年前，地球上的气候非常温暖湿润，地面上到处生长着茂密的植物。树木长出来后又死去，而在原来生长树木的地方又长出了新的树木，这些树木越长越多。后来，由于各种各样的自然灾害的袭击，大量植物一批批死亡、倾倒，堆积在低洼地区、湖泊、海湾、浅海等地方，被水和泥沙所掩盖。在一些细菌的复杂作用下，这些死亡的植物形成了初级阶段的煤——泥炭。泥炭被埋得越来越深，在地下压力和温度的影响下，经过脱水、压实和变质，又经过几亿年的时间，泥炭就会变成煤。

应该说明的是，煤的变质程度越高，含炭量就越多，质量也就越好。在漫长的岁月中，掩埋煤炭的泥砂变成了砂岩或页岩。由于有节奏的地壳运动和反复堆积，在同一地区往往具有很多煤层，每层煤都被岩石分开。

煤的化学成分主要为碳、氢、氧、氮、硫等元素。在显微镜下可以发现，煤中有植物细胞组成的孢子、花粉等，在煤层中还可以发现植物化石，所有这些都可以证明：煤是由植物遗体堆积，经过长期的地质作用而形成的。

拍拍脑袋想一想

盆地是怎样形成的？

什么是盆地？人们将四周高（山地或高原）、中部低（平原或丘陵）的盆状地形称为盆地。盆地的大小不一，大的可达数百万平方千米，小的还不足1平方千米。一般说来，盆地主要有两种类型：一种是构造盆地；一种是侵蚀盆地。那么，这些盆地是如何形成的呢？

构造盆地，是地壳构造运动形成的盆地。在地壳运动的作用下，地下的岩层会受到挤压或拉伸，发生弯曲和断裂，岩石就会上升或下降。其中，下弯或者断裂下沉的部分就成了盆地的中心，而翘起或者断裂上升的部分就成了盆地的四周。地球上的盆地主要以构造盆地为主。

侵蚀盆地，是受到外力作用而形成的盆地。这些盆地包括由于河水侵蚀和搬运而形成的河谷盆地，由于风的侵蚀和搬运而形成的风蚀盆地，由于地下水对岩石的溶解，或者溶蚀了地下岩石引起地表崩塌而形成的喀斯特（岩溶地貌）盆地。

悄悄告诉你

地层中为什么会有天然气？

天然气是一种可以燃烧的物质，主要成分是甲烷。在现代社会生活中，天然气给人类带来了许多益处。例如，生活在城市里的人，家里烧水、做饭都使用天然气；天然气还是工业、汽车的能源，还可以作为化工原料。天然气既然这么有用，那你知道它来自哪里吗？

在很久很久之前，天然气是在地球历史上被水淹没的低洼地区形成的。当初，这里繁衍着大量的动植物，这些动植物死亡后，它们的遗体就会沉入水底。泥沙不断将这些动植物的遗体堆积起来，并重重地把它们压在下面。

在动植物遗体中间，生长着一种"厌氧性细菌"。简单地说，这些细菌在没有氧气的情况下才能很好地生活。千万年来，它们不断分解动植物的遗体，最终分解成"天然气"。

后来，由于地壳运动的作用，有些陆地逐渐上升，导致古代海洋里的水退去，地下的气体跑不出去，便向有利于贮藏的地方集中。这样，天然气的储气层就形成了。有时候，天然气和石油常常埋藏在一起，天然气因为轻浮在上面，油重则沉在下面，人们将这种天然气叫做"油田伴生气"；当然，天然气也可以单独生存，这被称之为"天然气田"。

除了天然气之外，地层里还有一种可以燃烧的气体，叫做沼气。沼气的产生，大多数是由比较近代的动植物遗体在湖底被"厌氧性细菌"分解而形成的；因沼气的埋藏较浅，含甲烷比天然气少，所以它的火力不及天然气旺。现在有些地方将作物的秸秆粉碎后，冲入人类或牲畜的排泄物，再密封。这些植物体以及人畜排泄物中的有机物，在"厌氧性细菌"的作用下生成沼气。沼气可以用来烧水、做饭、照明等。

我们有时候会发现野外水沟里有淤泥的地方，常常会冒出气泡，实际上，那些气泡就是甲烷，它产生的道理和沼气是一样的。

石油和天然气有什么区别？

天然气和石油一样，都是重要的燃料和化工原料。它们一个是气体，一个是液体，人们将之统称为"油气"。石油、天然气和煤炭一样，都是埋藏在地下的宝贵能源。

古时候，地面上的树木繁盛，郁郁葱葱，还有成群的各种动物，由于环境、地壳的变化，这些生物和泥沙一起沉积在湖泊和海洋中，形成了水底淤泥，而且越积越厚，淤泥终于隔绝了空气，避免了与氧气作用而腐烂。

地层内部的温度很高，而且又有很大的压力，加上细菌的分解作用，最后使这些生物遗体变成了石油或天然气。

那么，石油和天然气有什么区别呢？

石油和天然气的区别主要在于形成时参与分解活动的细菌不一样，

形成石油的细菌叫做"硫磺菌"和"石油菌",形成天然气的细菌叫做"厌氧菌"。

石油是以液态形式存在于地下岩石空隙中的可燃有机矿产,是一种成分复杂的碳氢化合物的混合物。天然石油又称原油,一般是黑绿色、棕色、黑色或浅黄色的油脂状液体。石油的密度约0.75～0.98克每立方厘米。石油不溶于水,但溶于有机溶液中。

天然气是指储集在地下岩石空隙中的以烃类为主的可燃性气体。它们的基本成分是甲烷,其次是乙烷、丙烷和丁烷等,相对密度约0.6～1.5克每立方厘米。天然气无色无味,当其中含有一定量的硫化氢时才会有臭味。世界上已探明的天然气储量中,约有90%都不与石油伴生,而是以纯气藏或凝析气藏的形式出现,形成含气带或含气区。这说明天然气地质与石油地质虽然有某些共同性,也有密切的联系,但天然气毕竟有它自身发生、发展、形成矿藏的地质规律。

岩洞里的景物是神仙塑造的？

大家见过岩洞吗？岩洞千姿百态，就好像神话世界一般。那么，是谁打造了这绚丽的奇景呢？

原来，在有岩洞的地方都分布着又厚又深的石灰岩层，气候也比较温暖。石灰岩是一些比较坚硬的岩石，就好像我们建筑房屋、楼房所用的石头。这些岩石有着大大小小的裂缝，还特别怕酸性的溶液。这是因为石灰岩的主要化学成分是碳酸钙，碳酸钙在遇到酸性溶液时就会变成碳酸氢钙。碳酸氢钙可溶于水，并会随着水流走，可以流到很远的地方。

水在流动过程中，有些二氧化碳气体会溶解到水中，使流水中含有碳酸的成分。当它渗入石灰岩的裂缝中时，便能不断溶解石灰岩。长年累月，随着水的流动，石灰岩的缝隙不断扩大地盘，这样水流也会越流越大，缝隙也随之越扩越大——如此反复循环，地表水大量流到地下，就能把石灰岩溶蚀成巨大的洞穴。这种洞穴就被称为溶洞。

在溶洞里，含有碳酸氢钙的水仍不断地从裂缝里渗透下来。在石洞顶上，碳酸氢钙中的水分逐渐蒸发，二氧化碳也会分解掉，而剩下的碳酸钙因不溶于水会重新沉淀下来，固定在溶洞的顶部。经过长期的沉淀，

碳酸钙会越积越多，越来越长，并逐渐倒挂起来，这种沉积物被称为石钟乳，又叫"钟乳石"。

另外，有的含有碳酸氢钙的水不断从洞顶滴到洞底。因环境温度比较高，水中的碳酸氢钙会发生分解产生水、二氧化碳和碳酸钙，这样碳酸钙就会不断沉淀下来，不断地从洞底往上累积，也会越长越高，这被称为"石笋"。

往下"生长"的石钟乳，与往上"生长"的石笋连接起来，会形成一根柱状物，人们称之为石柱。很多石柱排列在一起，就被称为石幔。在自然力的作用下，这些石柱有粗有细，有曲有直，再加上混杂着不同的色彩，就会组成奇异景观。

拍拍脑袋想一想

云南的石林是怎么形成的？

如果你到云南旅游的话，一定要去看石林。如果你看过石林，一定会叹服大自然的鬼斧神工。成片的石峰如千军万马集结，组成石头森林，十分神秘、奇特，匪夷所思。石林兼有五岳之雄、三峡之奇、黄山之峭、桂林之丽，雄奇峭立，看上去浑然天成。

石林的主要成分是石灰岩，属于沉积岩。石灰岩的主要矿物是方解石，其主要成分为碳酸钙。当水中富含二氧化碳时，石灰岩容易被水溶解，因此石灰岩被称为可溶性盐。这是石林形成的化学条件。那么，云南石林是怎么形成的呢？

原来，最初这里是一片平坦的、由水平的石灰岩层所构成的地形，由于地壳的运动，地面缓缓起伏，纵横交错地布满了许许多多垂直的裂隙。这些裂缝就是形成这座石林最早的天然"图纸"。

当然，把这一"图纸"变成现实的操作者是大自然的水流。起初，这里的水很多，无孔不入的水流会自动地沿着这些裂开的缝隙向下渗透，并逐渐溶解两旁的石灰岩，使裂缝朝向地下的裂口更深、更大。久而久之，地面上就会出现许许多多凹下的"溶沟"和突起的"石芽"，把原来一个平坦的地形"修凿"成一片崎岖的溶蚀原野。

随着溶蚀作用的发展，裂隙两边出现了石块的崩裂。这样一来，"溶沟"会更加宽敞，"石芽"也会更加突出。再经构造抬升，石柱露出地表，逐渐形成了一片密密麻麻的石柱，美丽的石林就这样形成了。

悄悄告诉你

动物为什么能探矿？

利用动物也可以来找矿，你听说过吗？如果没有，那你不妨来了解一二吧。

如果在动物世界评选"采矿冠军"的话，狗可荣获桂冠。这是因为狗有着灵敏的嗅觉，经过训练的狗可以识别200万种不同的物质气味，能闻到地下几十米深的矿石，特别是硫化矿物的气味，然后嗥叫报矿。

用狗探矿有着独到的优点。地质学家们在沼泽地带寻找矿物时，面临着极为恶劣的工作条件，有些地方人无法进去，但狗可以进入，狗这"活仪器"的活动范围比地质勘探中使用的物理仪器的有效半径大10倍以上。狗还有一个更大的优点，就是查找矿物、检查矿物的速度快，几分钟的时间可以检查20箱矿物标本。

你可知道飞鸟和家禽也是地质工作者的好帮手。委内瑞拉南部山区有一种叫声尖厉的颇为罕见的鸟——"矿工鸟"，在鸟常出入的地方，可以找到含金的石英脉。原来，"矿工鸟"是靠吃一种只生长在富含硅质土地上的树木的浆果为生的，那里是它们觅食和求偶的场所。

更有意思的是，鸭和鹅也能"帮助"人们探矿。例如，贵州天柱县远口乡一农民在杀一只2千多克重的鸭时，在鸭肚内发现了一颗重6.5克的金粒。根据这一"信息"，在鸭子出没的地方，人们勘查到了有名的金矿。广西巴马县一农民过节时杀鹅，在鹅的内脏中洗出一颗重约6克的金粒，他又杀了几只鸭，都有些发现，人们根据这一"线索"，在鹅群活动的一条小溪上游勘探出了金矿。原来，鸭、鹅把混有金的砂粒吃进去后，砂粒经胃研磨成粉末后被排出，金粒则不易被磨碎而积存在胃中。

昆虫在探矿和报矿中的作用可以说是十分神奇的。人们在分析蜂蜜和花粉成分时发现，当铜、钼、钛、铜和锌等元素的浓度相当高时，就可能在蜜蜂采集花蜜的地区或其附近发现有价值的矿产。如在铜锌矿化地区采集的花粉，铅的含量超出正常值4～9倍。

白蚁的地下通道往往挖到20多米深的潜水面处，它们会把含金物质从含金裂隙处带出来，津巴布韦的有些金矿就是这样被发现的。还有，科学家们在研究非洲卡拉哈里沙漠的白蚁墩时，发现白蚁在所建的深达70米的坑道的矿层基岩的土壤中含有矿物质，因此，他们判断出巨大的矿层埋在地下。

动物探矿能节省资金，还十分有效。人们只要留心观察，就会发现相关的动物"信息"，从而获得重大的发现呢。

科学原来如此

拍拍脑袋想一想

为什么可利用植物来找矿？

悄悄告诉你

植物探矿，就是利用指示植物帮助人们找矿。你知道这是怎么回事吗？

在我国的长江沿岸生长着一种叫海州香薷的多年生草本植物，茎方形，有分枝，花呈蓝色或蔚蓝色。科学家研究发现，海州香薷花的颜色是铜元素给"染"上去的。当海州香薷吸收到铜时，便会被花"染"成蓝色。人们根据这一线索，判断出在海州香薷丛生的地方便可能找到铜

矿。1952年，我国地质工作者在海州香薷大量生长的地方发现了大铜矿。所以，人们又将香薷称为"铜草"。

地质工作者还发现，在大量生长七瓣莲的地方，可能找到锡矿；在长针茅或锦葵密集生长的地方，可能找到镍矿；在喇叭花生长茂盛的地方，可能找到铀矿；在开满铃形花的地方，可能找到磷灰矿；在忍冬丛生的地方，可能找到银矿；在羽扇豆生长的地方可能找到锰矿；在问荆、风眼兰生长旺盛的地方，地下往往藏有金矿；在红三叶草生长的地方，可能找到稀有金属钽矿。

根据植物花的颜色变化，人们也可以找到相应的矿藏。比如，锰可以使植物的花朵呈现红色；铜可以使植物的花朵呈现蓝色；铀可使紫云英的花朵变为浅红色；锌可以使三色堇花朵的蓝、黄、白三色变得更加鲜艳；而锰又可使植物的花朵失去色泽。

植物为什么能指示矿物的存在呢？

原来，植物跟生长的地下岩层有着千丝万缕的联系。地下水能溶解一部分金属，含金属的水向上渗入土壤，植物通过根毛吸收到体内，这些地下"矿物"就会在植物体内表现出来。难怪，生长在铜矿上的植物能吸收含铜的水，镍矿上的草木能吸收含镍的水呢。无论地下埋藏着什么元素，都会被水溶解一部分并带到地表上来，植物吸收了这种水后，就会有所表现。我们根据这些表现就可以顺藤摸瓜，找到地下的矿藏了。

什么是北京时间？

大家一定经常听到这句话："现在是北京时间×点整"。为什么要讲"北京时间"呢，"北京时间"又是什么呢？

"北京时间"是东经120°经线上的地方时间。地球总是不停地自西向东自转，因此东边的人总是比西边的人先看到太阳。当北京已是烈日当头的中午时，美国的洛杉矶却是夜幕降临的时刻。所以说，世界各地太阳升降的时间是不同的。一个地方的太阳升起或降落的时间，就是这个地方的时间——世界各地的地方时间是不同的。

来，在地球上旅游

为了建立一个统一的时间系统，国际上规定，把地球表面划分24个时区，各个时区之间相隔1个小时，同一个时区使用统一的时间。我国幅员辽阔，按照标准时区的划分，我国由西向东可划分为东5区、东6区、东7区、东8区和东9区，共5个时区，东西两地相差4个时区。但为了计时方便，我国采用首都北京所在的东8区的区时作为标准时间，称为北京时间，也作为全国统一的时间。这也就是说，虽然时区不同，但我国全国各地使用的都是北京时间。

拍拍脑袋想一想

为什么世界上要有统一的标准时间？

　　太阳东升西落，世界各地的人却不能同时看到太阳升降，于是有了地方时间之说。然而，如果每个地方都根据当地看到太阳的情况来确认时间，那将多么不方便呀！譬如，北京是上午8时0分看到太阳，广州是9时48分，日本东京是7时34分，法国巴黎则是半夜刚过的0时10分。这样的表示法十分混乱，尤其是在交通和通讯上很不方便。为此，很有必要在世界上订立一个统一的标准。

　　1884年，国际天文学家代表会议决定，以经过格林尼治的经线为本初子午线，作为计算地理经度的起点，也是世界标准"时区"的起点。10月13日，格林尼治时间正式被采用为国际标准时间。格林尼治天文台的科学研究，为繁荣海上航运事业、避免海上事故的发生作出了贡献。

　　格林尼治时间是以地球自转为基础的时标，后来人们发现地球的自转有逐渐变慢的趋势，并有季节性的变化和突然的不规则变化。因此，1979年底在日内瓦举行的世界无线电行政大会通过决议，确定用"世界协调时"取代格林尼治时间，作为无线电通信领域内的国际标准时间。